NUNCA MAIS PERCA SUA MOTIVAÇÃO EM VENDAS

O RESGATE!

Presidente do conselho:
Maurício Sita

Presidente:
Alessandra Ksenhuck

Vice-presidentes:
Cláudia Pires e Julyana Rosa

Diretora de projetos:
Gleide Santos

Coordenadora editorial:
Amanda Moura

Assistente editorial:
Júlia Almeida

Capa e projeto gráfico:
Ideia Dois Propaganda

Foto de capa:
Bruna Campanhol

Diagramação:
Ideia Dois Propaganda e Gabriel Uchima

Revisão:
Sabrina Franzol e Letícia Nakamura

Impressão:
Printi

Dados Internacionais de Catalogação na Publicação (CIP)
(Câmara Brasileira do Livro, SP, Brasil)

Zem, André
Nunca mais perca sua motivação em vendas : o resgate / André Zem. -- 1. ed. -- São Paulo : Literare Books International, 2024.

Bibliografia
ISBN 978-65-5922-976-5

1. Gestão de negócios 2. Empreendedorismo 3. Marketing 4. Sucesso nos negócios 5. Vendas - Administração 6. Vendas - Técnicas I. Título.

24-232072 CDD-658.81

Índices para catálogo sistemático:

1. Vendas : Administração 658.81

Aline Graziele Benitez - Bibliotecária - CRB-1/3129

Literare Books International.
Alameda dos Guatás, 102 – Saúde – São Paulo, SP.
CEP 04053-040
Fone: +55 (0**11) 2659-0968
site: www.literarebooks.com.br
e-mail: literare@literarebooks.com.br

MISTO
Papel | Apoiando o manejo florestal responsável
FSC® C196274

NUNCA MAIS PERCA SUA MOTIVAÇÃO EM VENDAS

RESGATE OS FATORES ESSENCIAIS PARA ENCANTAR CLIENTES

DEDICATÓRIA

Dedico este livro à memória de quatro pessoas muito especiais que partiram nos últimos anos, depois de terem marcado profundamente minha vida:

Vera Lucia Esteves de Moura Oliveira, grande amiga pessoal, incentivadora de primeira hora dos meus sonhos;

Marlene Aparecida da Silva Santos, minha agente de palestras, que alavancou minha carreira com sua competência, presença e amizade;

Douglas Pereira Costa, amigo e parceiro de trabalho a quem ensinei e com quem aprendi, e que sempre me honrou com seu reconhecimento;

Anderson Santim, amigo de infância com quem dividi planos, sonhos e momentos inesquecíveis em várias etapas da vida.

AGRADECIMENTOS

Agradeço a Deus, em primeiro lugar, pelas bênçãos que sempre derramou sobre a minha vida.

À minha esposa, **Vanessa**, e às nossas filhas, **Valentina e Luiza**, que são meus amores, minha força, e razões do meu sorriso e alegria.

Aos companheiros de trabalho de todas as fases da minha carreira, pela convivência, parceria e pelos ensinamentos.

À minha mãe, **Antônia Zem**, pelo amor, cuidado e perseverança para que eu me tornasse a pessoa que sou hoje, e ao meu pai, **Roberto Zem** (*in memoriam*), pelo amor que me dedicou.

À minha irmã, **Luciene Zem,** amiga e parceira das alegrias e tristezas da vida.

Aos meus sogros, **José Fernando Naval** (Gatãozinho) e **Maria Magali Volpato Naval**, pela presença, carinho e orações.

Ao amigo **Fábio Berto de Oliveira**, que me acompanha desde quando meu sonho era apenas uma sementinha, e é uma fonte inesgotável de histórias de vendas. Fica aqui, além da gratidão, o crédito.

A todo o pessoal da Agência Ideia Dois Propaganda, em especial a **Claudio Pereira Alves** e **Danilo Fenelon,** que me acompanham há muitos anos, orientando e polindo meu trabalho.

Ao **Adilson Jardim**, pelos ensinamentos que me impulsionaram no caminho das vendas, pela liberdade para que eu pudesse trabalhar e me desenvolver e pela confiança que depositou em mim para que eu assumisse os compromissos que me fizeram crescer.

Ao **Ronaldo Victoria** (*in memoriam*) e à **Patrícia Ozores Polacow** por serem meus orientadores na jornada da escrita, cúmplices na tradução dos meus sentimentos, percepções, vivências e ensinamentos, numa convivência leve, alegre e, ainda assim, comprometida com o máximo de qualidade e com o meu estilo de ser, gerenciar e viver.

À **Sabrina Franzol**, pela dedicação e comprometimento com a revisão dos originais deste livro.

Sumário

Prefácio

Conhecia André Zem pelas redes sociais e já nutria uma grande admiração por suas postagens inteligentes, intrigantes e que geravam excelentes reflexões.

Tive a honra de conhecê-lo pessoalmente quando, em 2022, dividimos o palco num congresso de vendas para mais de 500 pessoas, em Belo Horizonte. Eram os momentos delicados do final da pandemia e, nos bastidores, sem as usuais máscaras que usávamos à época, conheci um ser humano absolutamente diferenciado. Falamos sobre vida, rimos, choramos (literalmente), trocamos percepções e ali tive a certeza de estar à frente de uma pessoa com muita luz própria.

Quando Zem subiu ao palco, a energia gerada por sua fala acolhedora, genuína e cheia de conteúdo tomou conta do auditório. Ele parecia um maestro conduzindo a audiência a refletir, emocionar-se e, em seguida, soltar-se em deliciosas gargalhadas.

Estou no ramo de palestras há 20 anos e sei diferenciar claramente os profissionais autênticos dos "produzidos artificialmente". Consegui sentir na alma o segredo do sucesso de André Zem: ele fala sobre o que vivenciou em atendimento ao cliente e vendas com uma carga impressionante de envolvimento, magnetismo e carisma!

Quando ele me contou que estava finalizando o *Nunca mais perca sua motivação em vendas* pedi, humildemente, que me enviasse os textos. Tive a honra de ler todo o material em primeira mão e me deliciar com histórias leves, reais, envolventes e provocantes. E lhe disse o que senti: "Será um sucesso, Zem! Todo profissional da área comercial precisa ler. Todo líder de equipes de vendas precisa folhear este livro!". A verdade é que — independentemente de toda a tecnologia da atualidade, da gestão 4.0, das novas formas de trabalho remoto ou híbrido, das vendas automatizadas — a humanização das relações vai continuar em alta dentro e fora das empresas. Sorrisos, atenção, acolhimento, foco nos detalhes, empatia e olhar verdadeiro para o cliente jamais perderão espaço.

Essas foram minhas impressões.

E então, certo dia, Zem me ligou, com aquele sorriso na fala, perguntando-me se eu poderia escrever o prefácio de sua mais recente obra. Ah, Zem, quanta honra e responsabilidade, irmão!

Aceitei de imediato porque o livro é doce, sutil, emocionante, vibrante, saboroso... É André Zem em sua melhor forma, colocando sua experiência e esse coração enorme a serviço de você, leitor!

Embarque nesta jornada você também! Permita-se mergulhar nas páginas desta fascinante e emocionante experiência de motivação, vendas, liderança e atendimento ao cliente.

Você será outra pessoa ao final do livro, assim como aconteceu comigo.

Agora, imagine-se segurando a mão de André Zem e inicie sua caminhada para dentro do livro. Boa viagem!

Dill Casella

NUNCA MAIS PERCA SUA MOTIVAÇÃO EM VENDAS

RESGATE OS FATORES ESSENCIAIS PARA ENCANTAR CLIENTES

O nascimento do resgate

Minha mãe foi um exemplo de mulher que nunca desistiu de mim. Até quando eu me escondia para não ir à escola — agachadinho atrás das plantas em um terreno onde hoje está construída uma bela igreja, em Piracicaba, cidade onde nasci —, ela sempre me achava. E, mesmo a contragosto, não tinha jeito: eu ia à escola.

Confesso. Tentei fugir, mas a escola nunca fugiu de mim. O tempo passou e, além de ter escolhido e seguido uma carreira, investi na minha formação teórica e sempre prestei atenção na escola da vida. Nunca deixei de ficar atento às lições que todas as pessoas me ensinaram. Jamais me escondi dos ensinamentos que a minha trajetória me proporcionou.

E sabe o porquê de "o resgate" no título deste livro? Vou contar!

Em 2001, fiz uma viagem para o Guarujá em companhia da minha esposa, Vanessa, que na época era namorada. Conosco viajavam familiares, entre os quais meu futuro cunhado, Vinícius Naval; o primo deles, Rafael Naval, e um casal de amigos, Rovilson e Maria. Em um dos dias do passeio, resolvemos ficar longe do burburinho das praias mais conhecidas. Escolhemos a praia de São Pedro, que então era quase deserta.

Ao final da tarde, eu estava no mar olhando para o Rovilson e a Maria, que nadavam um pouco mais no fundo. Em certo momento, tive a impressão de que eles estavam brincando comigo, me chamando, mas logo percebi que na verdade estavam se afogando e pedindo ajuda. Eu não nado bem, mas criei coragem e comecei a tentar me mover em direção a eles. O mar estava bastante agitado, ventava muito e acabou me puxando também. Ergui as mãos para o alto, tentando chamar a atenção de alguém ou da Vanessa. Estava muito perto das pedras, que machucavam minhas pernas enquanto eu tentava permanecer calmo para não me afogar. O mar, então, me puxou para baixo e tive a clássica sensação de ver a vida passando pelos meus olhos. Naquele instante, lembrei-me das pessoas que mais amo: da minha mãe, da Vanessa... Foi então que ela percebeu a situação e gritou para o irmão e o primo, pedindo ajuda.

> *O mar, então, me puxou para baixo e tive a clássica sensação de ver a vida passando pelos meus olhos.*

Fui salvo por eles. Rovilson e Maria foram salvos por surfistas. Exaustos pelo esforço e desespero, ficaram muito tempo se recuperando, deitados na areia. Eu fiquei sentado, cabeça baixa, tentando processar tudo o que tinha acontecido.

Desde então, trago comigo essa história. Se hoje estou aqui é porque fui salvo por pessoas que, sabendo nadar e estando atentas, puderam me ajudar. De tempos em tempos, reflito sobre isso. Vendo as fotos daquela praia, olho as pedras e as vejo como monstros. Mas são monstros que enfrentei, não sem marcas, a caminho do resgate.

Muitas vezes, quando vejo vendedores desmotivados, faço uma analogia com o acontecido e os vejo nadando contra uma correnteza que parece levá-los cada vez mais para longe de resultados melhores. Eu penso que minha experiência profissional me talhou e me colocou em posição de ajudá-los. E é este o propósito deste novo livro: apontar tudo aquilo que, nas várias esferas da vida, nos prepara para a arte da venda. São nossos sonhos, nossas estratégias de organização, nossas técnicas de motivação, nossa maneira de lidar com as equipes com as quais trabalhamos... Eu me proponho a dividir com você toda a minha experiência, para que tenha autonomia para atingir seus objetivos, chegar à praia em segurança e **nunca mais perder sua motivação em vendas em hipótese nenhuma**!

> *Quando vejo vendedores desmotivados, faço uma analogia com o acontecido e os vejo nadando contra uma correnteza que parece levá-los cada vez mais para longe de resultados.*

CAPÍTULO

1.

O resgate dos sonhos

"Há que ter algum sonho correndo nas veias,
e um grão de loucura faiscando na alma."
Lya Luft

O sonho de ser palestrante me carregou. Essa frase define a minha vida. Comecei a trabalhar menino, descascando cebolas em um varejão. Hoje sou empresário, consultor, palestrante e escritor. De lá para cá, mais de 30 anos se passaram. Amigos e empregos vieram e se foram. Mas o sonho, ah... este trago comigo sempre. Firme e forte! Sonho, para mim, não é ponto de chegada, mas de partida. Não repouso em cima daquilo que já conquistei. Sempre há um novo objetivo a ser alcançado.

Nestes tempos atuais, tão imediatistas, parece estranho falar em sonho. Em que as pessoas pensam, em meio a tanta luta? Em sobreviver, bater a meta, garantir a vaga. Na nossa sociedade, dizer que alguém é sonhador pode ser até mal interpretado, como se estivesse falando sobre alguém avoado, que vive no mundo da lua. É claro que sem conseguir garantir o básico ninguém sonha. Mas não dá para viver apenas no cotidiano, quase sempre massacrante. Se a vida é um eterno arroz com feijão, quem para e pensa em melhorar garante um tempero mais saboroso. Aquele que sonha tem potencial para idealizar um futuro melhor!

Sei que você, leitor, quer garantir o sucesso na carreira. Eu o convido a refletir sobre o quanto batalhar por algo maior é importante.

O sonhador, para mim, não é aquele que vive fora da realidade, mas aquele que a enxerga além do lugar-comum, com os olhos da coragem, da confiança, da persistência e do otimismo.

E é com essa persistência, de quem nunca desistiu de sonhar, que aponto algumas questões iniciais para nos aprofundarmos no tema.

Os dez maiores ganhos de sonhar

1. **Esperança e otimismo –** Quem sonha quer algo maior. Não fica parado naquilo que conquista. Acredita que vai ser possível. Transfere essa atitude do profissional para as outras áreas da vida. Quando você foca no que deseja, as coisas ruins acabam ficando em segundo plano.
2. **Resiliência –** É a capacidade que alguns materiais têm de retornar à forma original rapidamente. Em

vendas, é a capacidade de se recuperar dos "nãos", de se adaptar e "se virar" perante os desafios, de insistir até atingir o objetivo, de aprender com os erros. Você deixa o perfeccionismo de lado quando aprende que falhar, uma vez ou outra, faz parte do processo. Quem estabelece uma meta sabe que não vai conseguir do dia para a noite nem num estalar de dedos. "Ganhar suado é mais gostoso", dizem os torcedores de futebol. E também não é assim nas arquibancadas da vida?

3. **Autoconhecimento –** Se você quer lutar, tem que saber até quanto de combate aguenta. Só você pode ter essa resposta. Entre no ringue preparado, para não se surpreender beijando a lona.
4. **Limite –** Estabeleça seu teto. Você tem que saber qual é o seu cacife. É aquela velha história de medir o tamanho do passo e o da perna. Adianta ter como meta ganhar um milhão de dólares antes dos 30 anos? Qual a chance de isso acontecer? Um limite mal estabelecido pode ser frustrante. Assim, sonha-se sem sair do lugar.

Se você quer lutar, tem que saber até quanto de combate aguenta. Só você pode ter essa resposta.

5. **Independência –** Sonhe o que você pode concretizar. Depender dos outros pode atrasar. Há pessoas que condicionam seus passos ao auxílio externo. A ajuda é importante? Claro que é! Mas lembre-se de que se ela não ocorrer, ou não ocorrer no momento em que você precisa e espera, provavelmente estará amarrado e não conseguirá caminhar. Como uma carona prometida, mas que nunca chega!
6. **Planejamento –** É difícil atingir seu objetivo? Sério? Então, vá aos poucos. Estabeleça seu sonho como sendo seu objetivo. Trace sua trajetória iniciando do ponto em que você está e chegando até seu sonho. Reparta esse caminho colocando metas. Fracione sua luta. Depois, crie estratégias para atingir cada uma das metas traçadas. Quando menos esperar, você chegará lá!
7. **Confiança –** Eu disse que o sonhador age sozinho? Sim. Mas ele tem que saber fazer uma boa rede de contatos na empresa e fora dela, gente que pode lhe trazer boas informações, toques preciosos. Essa é uma "rede social" que funciona.
8. **Discrição –** Você tem clareza de sua meta na vida. O que vai fazer? Contar para todo mundo? Publicar nas

redes sociais? Sonhador esperto não abre tudo o que está planejando. "Olho gordo", acredite, nem sempre é superstição. E há pessoas que não sentem remorso algum em prejudicar os outros. No meio comercial isso tem aos montes, infelizmente.

9. **Gratidão –** Quem resolve ir à luta sabe reconhecer cada ajuda, cada vitória colhida. A gratidão renova não só nossas próprias energias, mas também daqueles que convivem conosco, porque torna tudo mais leve, mais positivo. Além disso, agradecer é valorizar quem está ao nosso redor. As pessoas ficam felizes ao saber que ajudaram e tendem a fazer o mesmo com mais frequência.

10. **Alegria –** Essa é a maior recompensa. Quem não arrisca, não petisca, como diziam nossas avós! E continua valendo. Só quem batalha por algo sabe o prazer que dá a conquista. A vida fica mais leve! Além disso, quando você chega aonde quer, descobre que pode fazer ainda mais. E ninguém pode limitar você.

O nascimento de um palestrante

Quando comecei a acalentar o desejo de ser consultor e palestrante, me lancei em uma aventura. Nunca me conformei ou me acomodei apenas com aquilo que tinha. Não queria "só" ganhar dinheiro. Queria realizar um sonho! Aos 20 anos, eu já sabia qual era o meu objetivo. Já tinha experiência como chefe de estoque, vendedor e gerente. Se me tornasse palestrante, treinador de equipes e consultor poderia transmitir essa vivência.

Mas, no início, parecia que a realidade não batia com o meu sonho. Parecia algo tão distante! Gosto de brincar com uma imagem que remete ao começo da minha vida profissional, quando trabalhava em um varejão descascando cebolas. Minha carreira foi construída da mesma forma como esse vegetal se desenvolve: camada por camada. E foi justamente naquele varejão que ouvi uma das primeiras frases motivacionais da minha vida, dita pela mulher com quem eu descascava as cebolas:

— Menino, começamos aqui chorando, mas vamos terminar sorrindo!

Ela plantou em mim a semente da motivação. A vida estava muito difícil, mas eu não parei de sonhar.

E fracionei meu sonho, como as camadas da cebola. Um passo de cada vez, analisando acertos e erros, comemorando as etapas concluídas, ganhando entusiasmo para os próximos desafios. Mais à frente, falaremos sobre a importância de ter claro o que são os objetivos, as metas e as estratégias.

> *Uma das primeiras frases motivacionais da minha vida: "Menino, começamos aqui chorando, mas vamos terminar sorrindo!".*

Essa moça do varejão foi uma das figuras femininas que marcaram minha carreira. A primeira foi minha mãe, Antonia Zem, que sabia bem o valor da educação e não me deixou fugir da escola. Foi ela que, colocando um terço em minhas mãos, me disse para que eu tivesse fé, quando fui procurar meu primeiro emprego no comércio. Eu tinha 12 anos. Saí de casa segurando o terço e rezando. Não tinha dinheiro nem para a passagem do ônibus. Fui a pé até a rua que é considerada o principal corredor comercial da minha cidade. Naquele dia, na primeira loja em que entrei, de calçados, encontrei outra grande figura feminina que iluminou meu caminho: Teresinha de Fátima Pires Correia. Sempre digo que eu – franzino como era – devo ter despertado os instintos maternais dela. Perguntei-lhe se estava contratando. Ela me disse que não havia vaga, mas ficou olhando eu ir embora, entristecido, indo para a próxima loja. Não teve dúvidas: ligou para o gerente do estabelecimento no qual entrei — outra loja de calçados — e recomendou que me contratasse. Enfim, consegui! Ali foi o início de outra fase da minha trajetória profissional: a vida de vendedor. E, embora eu trabalhasse por extrema necessidade, pois em muitos dias minha família mal tinha o que comer, foi nessa época que eu criei o "André vendedor": um profissional original e criativo, cheio de energia e incansável!

Até os 18 anos, trabalhei em duas lojas de calçados, onde fiz de tudo. Eu era aquele funcionário que conhecia o estoque inteiro, a localização e o preço de cada coisa. Os colegas me procuravam a toda hora para que eu os ajudasse. Interessava-me pela loja como um todo. Tornei-me vitrinista e aprendiz de gerente. Em pouco tempo, tornei-me gerente e, simultaneamente, conciliava as funções de vendedor. Nunca perdi a conexão com essa minha paixão: vender. Foi justamente durante uma venda que atendi aquele que seria meu próximo patrão. Duas semanas depois de realizar o atendimento, fui transferido para Bragança Paulista, para trabalhar em uma filial da rede de lojas de calçados na qual eu já atuava. Completado um mês lá, fui procurado por aquele cliente que havia atendido na loja da minha cidade. Ele me ofertou uma oportunidade em sua empresa: uma rede de lojas de móveis populares. Eu trabalharia num ponto exatamente em frente à casa de calçados onde eu estava. Aceitei o desafio. Passei por treinamento e pude aprender tudo sobre móveis e a cultura de marketing do setor. Sempre fui bastante agressivo nas minhas estratégias para chamar as pessoas para dentro da loja. Tudo o que funcionava como divulgação na época, eu fazia. O ano era 2001. Colocava microfone e caixa de som na calçada, fazia promoções, distribuía balão, pipoca e algodão-doce para a criançada. Ia a todos os programas de rádio popular da cidade. Essa maneira de trabalhar a propaganda eu levei para o meu próximo desafio, que não demorou a chegar. Aos 23 anos fui chamado para atuar a partir da sede da empresa, na cidade de Sorocaba, que, então, tinha cinco lojas. Em pouco tempo, ainda jovem, me tornei diretor. Sob minha responsabilidade, havia centenas de funcionários e grande parte da área comercial. Nessa empresa inaugurei mais de 30 novos estabelecimentos em várias cidades, envolvendo-me diretamente em todo o processo, desde a locação do ponto, formação e treinamento das equipes até a publicidade, interação com a imprensa local e criação das campanhas de marketing.

Eu realmente estudo, me envolvo e conheço meu ramo a fundo. E sempre agradeço com a mesma fé que me levou à primeira loja, quando consegui meu primeiro emprego como vendedor.

Durante aqueles anos, com a experiência acumulada na direção das lojas, tantas histórias para contar – e sempre atento ao mundo dos palestrantes – lá no fundo do meu coração, encontrei a semente do meu sonho começando a brotar: eu também seria um deles. Eu já dava treinamentos para as equipes que coordenava. Comecei a fazer algumas palestras para pequenos grupos de outras empresas e associações comerciais. Sempre gostei, desde cedo, de ler sobre vendas, atendimento, motivação, liderança, negócios, administração e marketing. Essas técnicas todas eu não apenas carrego para treinar os outros. Elas fazem parte da minha própria vida. Eu planejei o meu caminho. Certo do meu objetivo, criei etapas, metas e as estratégias para alcançar cada uma delas. Esperei os momentos certos para dar os passos, um de cada vez. Fui me aperfeiçoando. Com o pouco de dinheiro que sobrava do salário de cada mês, comprava os equipamentos para montar minha estrutura para as apresentações. Eu precisava de telão, caixa de som, computador, microfone, projetor... Em algumas ocasiões, a meta era comprar dois equipamentos, mas o dinheiro dava para apenas um. Aí entrava a estratégia de rever o orçamento para atingir aquela meta e avaliar como isso afetava a etapa seguinte. Comemorei as conquistas.

Certo do meu objetivo, criei etapas, metas e as estratégias para alcançar cada uma delas.

Eu tinha cada meta como um pilar. Cada vez que chegava a ele, eu o abraçava, sabendo que estava mais perto do meu sonho. Isso me energizava, me dava uma segurança danada!

Para treinar o meu lado palestrante, expandia o horário de trabalho, ficava até tarde na empresa. Montava um palco no fundo da loja e ficava falando, algumas vezes sozinho, exercitando a postura e a dicção. Contava com o apoio de amigos como o Fábio Berto de Oliveira, que me auxiliava como um mentor e corrigia meus erros, sem papas na língua. Tive a ajuda até mesmo do segurança, que me via falando madrugada adentro. Como dizia Raul Seixas: "Sonho que se sonha só é só um sonho que se sonha só. Mas sonho que se sonha junto é realidade". Eu completo: é preciso estar perto de gente que sonha o seu sonho e que torce para você conquistá-lo. Meus funcionários também me davam toques preciosos, me corrigindo se eu escorregasse na pronúncia de algumas palavras, por exemplo. Eu aceitava, pois queria crescer, aparar minhas arestas. Eu percebia que eles gostavam da minha humildade. Com isso, havia uma interação maior em nosso relacionamento.

Bem nessa época apareceu mais uma mulher que teve papel fundamental na minha vida. Ela acreditou no meu

Poder não
Conquis

potencial e não me deixou sonhando acordado. Tatiana Elizabeth Domingos foi uma grande apoiadora da minha carreira. Sempre digo que ela é minha versão da famosa frase "o homem por trás das cortinas". Foi a primeira das muitas pessoas que cuidaram de tudo nos bastidores para que eu pudesse dar o meu melhor no palco. Ela sempre me dizia que eu precisava estudar, fazer faculdade, inglês. Eu dizia que não faria, porque achava que a vida ensinava tudo. Ela retrucava que o estudo transforma nossa visão do mundo. Fez pessoalmente minha inscrição para o vestibular. Devo muito a ela.

se impõe.

a-se!

Estudei muito. Iniciei e concluí a faculdade de Marketing e o MBA em Gestão Empresarial.

Nessa fase em que eu tinha um ótimo emprego, aquele sonho, que me tomava tanta dedicação, chocava algumas pessoas. Muitos me pressionavam dizendo que eu iria perder tudo. Eu era jovem, gerente, logo me tornei diretor. Aquele era meu sustento. Mas eu insistia e não nego que algumas vezes a sede em realizar o meu sonho me prejudicou. É que em vendas não existe preço para o seu sonho. Mais tarde, as pessoas se convenceram que era mesmo aquilo que eu queria. E que faria! Meu amigo Gilberto Cabeggi diz que: "Um sonho que você tenha jamais o deixará em paz, enquanto você não o realizar". Concordo plenamente e sou a prova viva disso!

Quando eu penso em sonhos, lembro-me de uma frase da Oprah Winfrey, apresentadora norte-americana: "Você recebe da vida apenas aquilo que tem coragem de pedir". E não é? Foi assim que em 2012 resolvi dar uma guinada mais radical na direção do meu sonho de me tornar palestrante. Nesse momento, estabeleci duas metas para me aproximar do meu objetivo: me desliguei do grupo de lojas de móveis e intensifiquei os trabalhos como consultor e palestrante. Formei-me pela Sociedade Brasileira de Coaching e pela Academia do Palestrante. Sigo me atualizando constantemente em cursos, workshops e acompanhando bem de perto o trabalho dos colegas palestrantes, aprendendo com eles, ensinando um pouco também. Sou um contador de histórias formado pelo Senac e um vendedor de resultados construído pela vida!

Dois anos depois de lançar-me de cabeça no meu sonho de ser palestrante, abri minha própria loja de móveis planejados, tornando-me empresário.

Para finalizar esse relato pessoal, gostaria de reforçar uma ideia que eu citei brevemente na abertura deste capítulo e que fala sobre ser discreto. Olhando para trás, percebo que no início expus demais meu sonho e isso me prejudicou um pouco. Há pessoas que, mesmo sem maldade, puxam você para baixo. Outras sentem inveja mesmo e não desejam o seu sucesso. Trabalhe com garra, mas em silêncio. Realize primeiro.

É você quem tem que ser o maior apostador do seu sonho!

A importância de sonhar

Os sonhos são mais importantes do que podem parecer à primeira vista. Eles não são apenas o combustível para nossa motivação pessoal e profissional, mas parte essencial da experiência humana, objeto de estudos e análises. O psicanalista Carl Gustav Jung, por exemplo, fez dos sonhos a base de sua teoria psicanalítica. Para ele, aquelas imagens que invadem nosso sono são uma ponte entre o consciente e o inconsciente. E é de Jung também uma frase que nos faz entender os sonhos como objetivos que temos na vida: "Quem não se arrisca para além da realidade, jamais encontrará a verdade".

Aí fica bem mais claro, não fica? É a psicologia que nos ensina: viver apenas o aqui e o agora é somente sobreviver. É preciso mais para nos equilibrar diante da existência. É necessário que a gente saiba o que quer, a nossa missão. Deve ser triste passar pela vida e não saber. Perguntar-se sobre isso não é apenas questão de autoajuda. É algo que nos faz crescer. Sem um objetivo maior, tudo parece sem sentido. É como acordar todo dia e cumprir suas tarefas, sem alimentar sonhos nem esperança.

Eu tive muita sorte nesse sentido. Costumo dizer que, quando abro os olhos pela manhã, já estou animado. Desde sempre. Dava risada até no ponto de ônibus. Quando estava descascando cebola, eu já pensava que queria mais da vida. Foi assim que os sonhos me levaram para longe.

A neurociência destaca que o cérebro precisa de objetivos e desafios para se manter ativo. Dessa forma, ele fica programado para atingir o que se quer. Mas, por favor, não fique apenas nisso! Sem determinação, esforço e paciência, não se chega a lugar algum. Essa programação é importante, mas sozinha não basta. Ela tem papel fundamental quando você encontrar obstáculos, pedras no caminho, que aparecem aos montes. Se você se fortalece interiormente, não desiste diante da primeira dificuldade. Ao contrário, estufa o peito e começa de novo. Afinal, pior que não atingir seu objetivo é não ter objetivo para atingir.

> *O cérebro precisa de objetivos e desafios para se manter ativo.*

Imagine chegar ao fim da vida e perceber que você não batalhou pelo que queria, não foi atrás dos seus sonhos. Eu nem imagino isso, pois sinceramente sempre lutei pelos meus sonhos, desde menino. E essa é uma das maiores, se não a maior, recompensas que a gente pode ter.

Mas noto que muita gente parece desistir muito cedo. Como disse Henry Ford: "Há mais pessoas que desistem do que pessoas que fracassam". Outros nem sabem direito o que querem da vida. Seguem vivendo naquele banho-maria, sem se arriscar, ficando contentes com o sobreviver.

Deve ser horrível isso, não? E é mesmo! Quem garante é uma pessoa que entende desse assunto: a enfermeira australiana Bronnie Ware. Ela abordou o tema em seu livro *The top five regrets of the dying* — publicado em português com o título *Antes de partir: os 5 principais arrependimentos que as pessoas têm antes de morrer* (2017). Ela acompanhou pacientes terminais que passavam pelas suas últimas 12 semanas de vida. Ouvindo-os falar nesse momento em que todas as máscaras caem, ela foi percebendo e tomando nota daquilo que as pessoas mais se lamentavam de ter "deixado para trás". São eles:

1. Eu gostaria de ter tido a coragem de viver a vida que eu queria, não a vida que os outros esperavam que eu vivesse – Eu traduziria esse fato, que realmente é terrível, como "eu gostaria de ter perseguido os meus sonhos". Segundo a autora, somente no leito de morte é que muitas pessoas percebem quantos sonhos deixaram de realizar. Segundo ela, a maioria não foi atrás nem da metade. Penso que esse perigo eu não corro, já que persegui tudo o que queria. Eu conquistei o que

desejava, com muita paciência, levando muita porta na cara, tendo muita decepção, mas nunca entregando os pontos. Sinto que fiz a diferença para mim mesmo.

2. Eu gostaria de não ter trabalhado tanto – A enfermeira revela que esse é o arrependimento mais comum entre os homens. Coisa da sociedade patriarcal, em que o masculino ainda é identificado como o provedor da casa. Na verdade, eles não lastimam tanto o tempo que gastaram com o trabalho, mas o fato de que isso representou não acompanhar o crescimento dos filhos e o companheirismo das parceiras. Eu sinto que trabalhei muito, mas já estou em processo de diminuir o ritmo, justamente para ter mais tempo para minhas filhas. E acho que já plantei bastante, quero ficar mais livre para viver a colheita.

3. Eu queria ter tido a coragem de expressar meus sentimentos – Bronnie revela que, muito tarde, os pacientes perceberam que sufocaram sentimentos para não entrar em atrito com os outros. O resultado é levar uma vida medíocre, sem se expor. Pior ainda é acumular mágoa. Quanto a mim, sinto que posso até ficar com raiva durante um tempo, mas costumo resolver tudo logo, antes que se torne ressentimento – que enferruja a alma. Eu sou assim: se tenho uma coisa para falar,

posso demorar, mas falo. E quase sempre é melhor, pois você não fala na hora da raiva e não machuca.

4. Eu gostaria de ter ficado em contato com os meus amigos – A enfermeira conta que muitos ficam prisioneiros de sua própria vida, perdendo muitas amizades ao longo dos anos. Sinceramente, eu sinto que tenho, sim, me privado bastante dos amigos. Mas ultimamente tenho feito alguma coisa para compensar. Convido para almoçar, mando mensagens. Tenho procurado me resguardar um pouco, pois estou seguindo um novo caminho, mas entendi que não posso exagerar ou me isolar.
5. Eu gostaria de ter me permitido ser mais feliz – Não são os outros que garantem sua felicidade, diz a autora. E esse arrependimento é muito comum. As pessoas só percebem tarde demais que a felicidade é uma escolha. E não se sente feliz quem fica preso a velhos padrões e hábitos. Modéstia à parte, eu me sinto feliz. Não caio na armadilha de levar uma vida de rede social, onde se tenta mostrar uma felicidade na qual nem você mesmo acredita. Não tento provar uma euforia que não tem nada a ver comigo. Não quero ser igual a todo mundo. A minha felicidade tem a minha cara.

E você? O que sentiu ao ler os arrependimentos listados pela Bronnie Ware? Eu proponho que, como eu, você faça um balanço da sua vida, de como tem cuidado dos seus sonhos e de tudo aquilo que é importante para você!

Passo a passo para o sonho de sucesso

A vida não tem manual de instruções, mas, em relação a cumprir seus objetivos, existem, sim, regras que devem ser seguidas. Com base na prática, listei alguns comportamentos aos quais você tem de ficar atento, se realmente quer ser bem-sucedido. Palavra de quem teve paciência para chegar lá.

1. Divida seu objetivo – Faça como compra a crédito. Parcele no cartão, em dez ou mais vezes. Parece brincadeira, mas não é. Você não vai conseguir chegar onde quer de uma só vez. Quanto maior sua meta, mais deverá ter paciência. Sabe por que isso é importante? Porque olhar para o projeto inteiro, pode deixá-lo desanimado, achando que é

muito para você. Por isso, estabeleça vários passos e, assim, terá pequenas vitórias em vez de ficar esperando. O sucesso é construído aos pedacinhos.

2. Esqueça a perfeição – Tenho um amigo sábio que diz o seguinte: "O perfeito é inimigo do real". E não é? Você pode ficar esperando até fazer tudo certinho e, por isso, deixa de fazer o que é possível. Na vida é assim. O perfeccionismo é um problema sério. Quando você nunca se dá por satisfeito com o que faz, vira seu maior crítico e logo concordará com as línguas de trapo que acham que você "não nasceu" para o seu sonho.
3. Comece logo – Não é só na vida pessoal que não se deve deixar para amanhã o que você pode fazer hoje. É difícil começar? Claro que é! Se não fosse, não teria graça. Mas não se esqueça que você já pensou na primeira etapa, ou seja, já dividiu seu projeto em partes. Começar fica mais fácil se você diminuiu a expectativa. Não dar o primeiro passo pode ser simplesmente preguiça.
4. Comemore sempre – Parece bobagem, mas é muito importante! Não deixe de comemorar a cada progresso, por menor que seja. É uma recompensa que você se dá. É como o brinquedo que você ganhava

por uma nota alta na escola. Traz estímulos para continuar na luta.

5. Crie e siga os prazos – Até agora parece que tudo está fácil, não? Nada disso. Você não precisa ficar neurótico querendo fazer tudo de uma vez, mas também não pode deixar a coisa fluir solta demais. Crie prazos. Por exemplo: até o fim do ano eu vou fazer aquele curso. Mas não vale pensar nisso como se pensa naquelas promessas de Ano-Novo que a gente já esquece quando chega o mês de março. Seja seu próprio fiscal.

6. Foque no essencial – Não se perca com tantos projetos. Você precisa ter clara a ordem deles, qual é mais importante e qual pode esperar mais um pouco. E tem mais. Hoje em dia existem muitos estímulos. Estamos focados, trabalhando, mas de repente alguma coisa aparece na internet e rouba nossa atenção, deixando o objetivo principal para trás. Sabe o que nunca é demais? Filtro! Tem coisas que são bacanas, mas você pode muito bem pensar nelas mais tarde, não é? Espelhe-se naquelas pessoas que estão onde você quer chegar.

7. Tenha ritmo e constância – Essa atitude é importante para você não desistir no meio do caminho. Quando você estabelece um objetivo, está pensando que vai

fazer tudo certinho a cada dia. Mas a gente sabe que acidentes de percurso acontecem. Daí você percebe que está perdendo tempo e quer fazer tudo de uma vez. Deixe essa neura de lado. Nem sempre o corredor que dispara no começo cruza a linha de chegada. O importante é manter o ritmo e não parar.

8. Tenha disciplina – Isso quer dizer: deixe o trabalho em primeiro lugar e a distração em segundo. Sei que isso é difícil, com tantos estímulos que fazem a gente dispersar, como os posts das redes sociais, as mensagens dos aplicativos e tantas outras coisas. Tudo isso distrai a gente exatamente por ser mais prazeroso. Mas tire um tempo em que vai se dedicar apenas ao que é necessário. Não precisa desligar o celular... Deixe-o longe!

9. Seja coerente – Isso quer dizer que você vai cumprir o que estabeleceu sem ficar se preocupando com os outros? Sim, mudanças de planos acontecem, mas quem vai definir isso é você. Cuidado com aquelas soluções e propostas milagrosas que aparecem e querem mostrar que você está perdendo tempo. Não troque o certo pelo duvidoso, já dizia a boa e velha sabedoria popular.

Estabelecendo objetivo, metas e estratégias

Estabelecer metas e estratégias para atingir seus objetivos é tirar o sonho de uma visão irreal e trazê-lo para o terreno do possível. Ele se torna palpável e assim você passa a acreditar nele como algo verdadeiro que você pode e vai alcançar, não mais como uma ideia vaga.

Lewis Carroll, em *Alice no País das Maravilhas*, descreve o diálogo de sua personagem central com o Gato:

— O senhor poderia me dizer, por favor, qual caminho devo tomar para sair daqui?

— Isso depende muito de para onde você quer ir – respondeu o Gato.

— Não me importo muito para onde... – retrucou Alice.

— Então, não importa o caminho que você escolha – disse o Gato.

Então, se você quer chegar a algum lugar, a primeira coisa a definir é a seguinte: que lugar é esse? Parece óbvio, mas muita gente se perde no meio do caminho por não conseguir definir algo tão óbvio. Se você não define aonde quer chegar, como vai saber se está no caminho certo? Será que não está desperdiçando tempo e energia numa trilha que não é sua?

Além disso, é necessário transformar o sonho em objetivo. Se não for assim, o sonho vai ser sempre algo irreal e inalcançável. Como disse Napoleon Hill, "um objetivo é um sonho com prazo". Isso é muito importante: quando você deixa seu objetivo mais palpável, cria um desafio para seu cérebro. Sem a transformação do sonho em objetivo, é pouco provável que ele se torne realidade. Você tem que acreditar que é um sonho possível. Se não for assim, nada adianta. Será apenas uma criação mental ou algo que você diz sem se comprometer. Faça com que o sonho seja algo visível. Escreva num papel, coloque na porta da geladeira, no espelho do banheiro. Crie rituais, as pessoas precisam disso. Conte para si mesmo qual é o seu objetivo todos os dias, ou ao menos uma vez por semana. Mas, atenção, conte para si mesmo, não para os outros, como eu já disse.

Claro: não podemos superestimar o sonho. Isso desmotiva. Bom senso e uma visão de conjunto são fundamentais. Uma vez que você saiba aonde quer chegar, estudará quais são as metas para se aproximar do seu

“Um objetivo é um sonho com prazo.”

Napoleon Hill

objetivo. Algumas delas são indispensáveis. Pode ser um curso, um treinamento, a aquisição de um equipamento. Deve ser realista. As metas segmentam o caminho até o objetivo. Grandes tarefas sempre devem ser quebradas em pequenas ações, porque assim não assustam ao se avolumarem, fazendo com que você desista. É como ir passando pelos marcos de uma pista de caminhada: 10, 20, 30 metros e assim por diante, até chegar ao objetivo que você traçou inicialmente.

Para cada meta, uma estratégia. Esse é um conceito muito importante. A palavra estratégia vem do grego (*stratēgía*) e é uma aglutinação das palavras *stratos* (exército) e *agos* (líder). Tem, portanto, origem militar e significa "a arte do general", a "arte de fazer guerra". Com o tempo, passou a ter um significado mais abrangente: métodos e planos para chegar ao objetivo pretendido. É usado, além de na área militar, na economia, psicologia, política etc. Por exemplo: um curso sempre demanda tempo e dinheiro. As pessoas precisam se certificar de estar em condições de arcar com aquilo no momento. A estratégia ajuda a tirar o sonho do papel. É como a bússola que nos guia na direção desejada e que nos salva nas tormentas. A estratégia é uma ação, é uma injeção na meta. Às vezes, ela precisa ser revista – como da vez em que não consegui comprar os equipamentos que eu previa para aquele mês. Poderia ser outra coisa, por exemplo: "Não vou conseguir arcar com os custos de um MBA agora. Então, vou me reorganizar para fazê-lo daqui a dois anos". Você precisa ter estratégia, mudar para ganhar força. Às vezes, tem de recusar muitos convites de emprego, por exemplo. Ou reavaliar tudo, se a proposta for boa.

Outro ponto importante para pensar quando for planejar e estabelecer as metas: realizar um sonho, além de uma conquista, é uma jornada de autoconhecimento. Se você não souber quem de fato é você e quais são seus anseios, seus sonhos ficam pelo meio do caminho.

Você precisa do autoconhecimento para saber se suas metas são compatíveis com as suas possibilidades.

Você tem habilidade para a atividade à qual pretende se dedicar? Você realmente deseja viver o seu sonho? Você tem paciência para aprender, resiliência para superar as dificuldades e frustrações? Quais sacrifícios está disposto a fazer para atingir as metas? As pessoas ao seu redor terão compreensão do seu comprometimento com o projeto? Saber de antemão as respostas para essas perguntas é parte do planejamento. E o planejamento viabiliza o sonho.

Seguir rigorosamente as metas é imprescindível. Não segui-las é um ato de autossabotagem.

Tudo é uma questão de escolha. De alguma coisa você terá de abrir mão. Outro dia estava ouvindo uma entrevista do nadador campeão olímpico Cesar Cielo. Ele dizia que, nos meses anteriores às grandes provas, até mesmo um simples chocolatinho era excluído do cardápio. Outro exemplo: se a meta é juntar dinheiro para pagar um curso, não será possível fazer gastos extras com roupas ou outras compras. É como diz o escritor e palestrante Stephen Duneier: "As grandes conquistas vêm de pequenas decisões". Duneier fez isso também em questões práticas. Ele caminhava para o trabalho, durante uma hora e meia, ouvindo música. Fez os cálculos e viu que passava 360 horas do ano assim. Então, resolveu tirar as músicas e colocou um curso de alemão. Hoje fala essa língua.

O que diferencia quem vai até o fim e quem fica pelo meio do caminho? Resiliência, paciência. Sonhos demoram tempo para se realizarem e as pedras no caminho não são poucas.

Os imprevistos

Mesmo com todo o planejamento, há imprevistos, como o tempo que muda de repente. Estar preparado para essas surpresas faz parte de ser resiliente.

É preciso estar atento durante todo o caminho. Às vezes, uma resposta negativa e inesperada logo no início pode nos frustrar ou até matar nosso sonho.

Muitos sonhadores são tachados de iludidos no início da jornada. Existem tantas histórias de vencedores que no início foram recusados... Em sua autobiografia, o desenhista Maurício de Sousa conta o dia em que levou pela primeira vez seus trabalhos para a redação de um grande jornal, na esperança de conseguir um emprego como ilustrador. Escutou do chefe de arte: "Desista, menino. Desenho não dá dinheiro nem futuro para ninguém. Vá fazer outra coisa da vida". Ele segue contando que, com o passar dos anos, aquela fala tão massacrante foi se transformando numa espécie de alavanca que o impulsiona nas horas de dificuldade.

Eu acredito muito nisso: ter um sonho e acreditar nele é um importante fator motivacional na vida das pessoas!

Não se renda! É preciso tirar força desses momentos ruins. Uma dica de ouro é sempre se manter confiante e procurar se inspirar em pessoas que admira. Pense nisso quando for planejar suas metas e traçar os planos para atingi-las. O estudo da experiência desses profissionais é fundamental. Eles trazem uma bagagem de acertos, erros, fracassos e vitórias, verdadeiros exemplos de como lidar com todas as facetas dos desafios, incluindo o sucesso e as inúmeras dificuldades que aparecem.

Muitas vezes, o imprevisto força uma diminuição de ritmo ou mesmo uma parada. Quando isso acontecer, não ceda à lamentação nem prossiga o caminho frustrado e sem motivação, "empurrando com a barriga". Faça desse momento uma oportunidade para reavaliar a meta e, se for necessário, mude a estratégia. Não perca o sonho de vista, tenha-o sempre com você, na cabeça, na porta da geladeira, na tela de abertura do celular, guardado na alma.

A história está cheia de exemplos de pessoas que levaram grandes tombos antes de verem os sonhos realizados. O caso de Thomas Edison, o inventor da lâmpada elétrica (entre mais de centenas de outras invenções que patenteou ao longo da vida), é inspirador. As fontes não são unânimes sobre números, mas as experiências dele até chegar ao resultado final somam centenas de tentativas com diferentes materiais. Chegou aos nossos dias a história de que, em certa ocasião, um de seus funcionários, cansado e frustrado, perguntou-lhe por que não abandonavam o projeto. Ele teria respondido que cada uma das experiências fracassadas tinha sido um passo na direção do êxito, pois mostrou o que não daria certo. Em 1879, conseguiram produzir a primeira lâmpada que permaneceu acesa por mais de 40 horas. É de Edison a famosa frase: "Um gênio é 1% de inspiração e 99% de transpiração".

E o que dizer de Alberto Santos Dumont? Nós, brasileiros, crescemos vendo os antigos filmes de tentativas fracassadas de realizar um dos maiores sonhos da humanidade: voar. Vendo os protótipos tomando aqueles capotes todos, quem poderia dizer que um dia conseguiria? No entanto, ele não se deixou abater. Estudando, refazendo, tentando novamente, um passo de cada vez, superando as metas na direção do sonho, ele venceu e é considerado o pai da aviação.

São experiências que devem ser lembradas quando o dia não estiver parecendo tão promissor ou tivermos de lidar com um cliente que parece nos lançar ao chão e a meta parecer mais longe do que nunca.

Não se feche para os sonhos. Procure manter os pés no chão e não esquecer a esperança. Destaco uma história que aconteceu quando eu trabalhava numa loja de móveis em Jundiaí. Em minhas palestras, ilustro esse momento com três objetos: corda, escada e pé de cabra. Eu morava no segundo andar da loja, que ficava perto da rodoviária, num local que à noite não era muito bem frequentado. Havia drogas e prostituição nas redondezas e eu pensava que não era totalmente improvável que uma bituca de cigarro jogada através de alguma das vidraças das janelas causasse um incêndio, já que era uma loja de móveis e decoração e o que mais tinha era madeira, tecidos e tapetes. E se pegasse fogo? Simples – pensava eu. Subo na escada, quebro o forro com o pé de cabra, amarro a corda nas vigas que sustentam o telhado e saio. Puro instinto de sobrevivência. Não poderia perder o que já tinha acumulado até aquele momento. Livros, estudos e, principalmente, minhas histórias. Onde há um desejo há um caminho! Você tem que tentar!

Nossos sonhos valem a pena. Eu me conscientizei ainda mais disso quando assisti ao filme *Patch Adams: o amor é contagioso*, em que Robin Williams interpreta o médico que criou os Doutores da Alegria. Patch não era um médico comum. Ele acreditava ser possível o contato mais humanizado com crianças e idosos. E entre os mais velhos, havia uma senhora que vivia triste no hospital. Ele, então, descobriu o maior sonho dela: mergulhar numa piscina de macarrão. Patch poderia dizer: a senhora está maluca, isso é impossível! Tantos sonhos são mortos todos os dias dessa mesma maneira. Até que ele pegou uma piscina de vinil, encheu de macarrão e convidou a velhinha para mergulhar. A sensação de ter o sonho realizado é para poucos. E ela conseguiu. Você também pode!

É preciso não se perder.

Sonhos movem o mundo

Ao ouvir a palavra "sonho", me vem à cabeça o líder Martin Luther King Jr. e as primeiras palavras de seu discurso mais famoso: *I have a dream* [Eu tenho um sonho]. Ele sonhava com o fim da discriminação contra os negros nos Estados Unidos. Se o sonho dele ainda não se concretizou completamente, pois ainda há muita luta, a semente foi plantada e as conquistas não foram pequenas. Em seu tempo, seria impensável que um negro se tornasse o presidente do pais. Está aí Barack Obama, outro grande sonhador, para nos lembrar dessa conquista.

Na mesma seara, precisamos falar de Nelson Mandela, que ficou quase 30 anos preso enfrentando o cruel regime do Apartheid da África do Sul. Saiu da cadeia, tornou-se presidente e uniu seu país.

Quando penso em sonho, penso grande. Imagino gente que tornou nosso mundo melhor. Gente que foi movida pelo sonho e transformou tudo em volta, com o simples ato de acreditar.

Todo sonhador tem como característica a ousadia, o fato de não se conformar com o que existe e querer mais.

Quem é sonhador não desiste com a primeira porta fechada na cara. Nas empresas é assim. Ou deveria ser. Profissionais que alcançam o sucesso são frutos de sonhos acalentados e planos bem executados. Sem isso, ficam sempre no mesmo lugar.

É preciso sonhar, arriscar. Mas hoje em dia, com tanta notícia sobre crise, tanto pessimismo espalhado no ar, a rotina pode cobrar o seu preço e muita gente desiste de lutar por algo melhor. Quanta gente você conhece que mora onde não quer, tem um emprego que detesta, atura um chefe insuportável, só para conseguir pagar as contas? Enquanto isso, eles reclamam, reclamam... E acreditam que o mundo está contra eles.

É triste essa situação. Como estarão essas pessoas nos próximos anos? Não vale a pena se iludir. Se você não fizer algo pela sua vida enquanto há tempo, de nada vai adiantar. E sempre há tempo. É preciso também lembrar algumas coisas:

1. O sonho é uma metáfora – É uma chance que você tem de resgatar sua vida da mesmice. O mundo gira e não faz nada para você. Até porque ele não gira em torno da gente (embora muita gente se esqueça disso). Porém, se você mudar, o mundo o acompanha nessa mudança.
2. Não basta sonhar – É daí que vem certa implicância com os "sonhadores", vistos como pessoas fora do ar. Gente que aposta uma vez por semana e sonha em ganhar na Mega-Sena, mas não faz nada para melhorar. É preciso correr atrás. Sonhadores de sucesso suam a camisa, enfrentam todas as barras, removem as pedras do caminho. Por quê? Porque eles acreditam que seus sonhos são possíveis.
3. Não há relação direta entre o sonho e o dinheiro – Muita gente tem sonhos grandes e salários pequenos. Não reduza, por causa disso, o tamanho dos seus sonhos. Não dá para aumentar a felicidade reduzindo sua capacidade de sonhar.

Os sonhos e o sentido da vida

Sonhar é o que dá sentido à vida. Sem isso, ficaríamos restritos ao cotidiano, à luta pela pura e simples

Sonhador
não
desiste
com a
primeira
porta
fechada.

sobrevivência. É algo que precisa nos mover, para além das fantasias infantis. Se você fica preso a elas, terá dificuldade para amadurecer. Falamos de sonhos que podem ser realizados, pelos quais lutamos, com garra e persistência. Sonhar na infância em ser astronauta é bonito, mas está classificado na categoria de devaneios. Essa fase tem de ser vencida.

Quem já cresceu entende que os sonhos viraram algo muito maior. Eles costuram a nossa existência. Têm a ver com esperança, com desejo de mudar e crescer. É o propósito de viver, é o combustível da luta. Se você não tiver um objetivo, não consegue responder a esta simples questão: por que você sai da cama todos os dias?

Então... Shakespeare disse: "Somos do tecido de que são feitos os sonhos". É o que nos impulsiona. Não é apenas aumentar o salário, ter uma promoção, comprar algo que se queria há muito tempo. Tudo isso traz alegrias momentâneas. O sonho é o que transcende. É algo que fará você ter certeza de que está no caminho certo.

Claro que, como eu já escrevi, para o sonho não ser vazio, uma ilusão que acabará levando você à frustração, é necessário muito autoconhecimento.

Questionar-se honestamente sobre a genuinidade do sonho pode evitar que tomemos um caminho que não é nosso.

Lembro-me de um amigo que, aos 18 anos, foi aprovado na faculdade de medicina. Quando estava para entrar no terceiro ano, entendeu que aquilo não era para ele e desistiu. No ato, passou de o orgulho para o traidor da família. É que ele entendeu que aquele sonho não era dele, mas, sim, do seu núcleo familiar, que queria um médico. Quanta gente passa tanto tempo realizando os desejos da família, da sociedade. Deve ser triste, não? Tenho certeza que sim.

Por isso, é preciso saber qual é realmente o seu sonho, aquele que vem de dentro de você. E você não o definirá, se não souber aquilo de que realmente gosta, quais são as coisas que o movem. Qual é a sua vontade mais profunda? Essa resposta só você pode dar. E tome cuidado para não se levar pelas opiniões alheias, de que aquilo é pequeno ou grande demais. Eu tive a sorte de saber cedo o que eu realmente queria. Sonhava em ser palestrante. Quanta gente me disse que eu estava sonhando alto demais! Não divida seu sonho com quem você não sabe se realmente o apoia.

Não importa quem diga não. Você precisa dizer sim para o seu sonho! Nem sempre isso é fácil. Aliás, é bem difícil, como tudo que vale realmente a pena. Porque você precisa estar certo do que deseja. É preciso fazer a pergunta: você quer mesmo aquilo que deseja? Ou seja, você vai batalhar pelo que quer ou vai deixar apenas no mundo dos sonhos não realizados? Lembro-me de outra frase, de uma música "O que você quer" de Rita Lee: "O que você quer / Você não deixa de querer tão fácil / Bêbado você ainda quer / Em perigo você quer / Perdido, ainda quer / O que você quer / O que você quer mesmo".

> *Não importa quem diga não: você precisa dizer sim para o seu sonho.*

Quando você consegue responder a essas perguntas, tudo fica mais fácil. Pode ser que demore demais para realizar o que sonha, mas saberá que está lutando por aquilo que, de fato, quer. Aproveite esse tempo para fazer coisas que o impulsionem. Diga seu sonho em voz alta até e, principalmente, naqueles momentos em que você o acha distante. Outra coisa: mentalize seu sonho. Reserve um momento para senti-lo se realizando. De olhos fechados, imagine o momento em que ele se concretiza. Assim você fica conectado com esse momento de realização.

Finalmente, tenha em mente que um dia seu sonho vai se realizar e o caminho deve trazer tanta alegria quanto chegar ao objetivo final. Portanto, aproveite os momentos de aprendizado, de frustração, de felicidade, de abundância... Todos eles fazem parte da trajetória e a maneira como lidamos com cada um fará parte das lembranças de como construímos nosso sonho.

Acredite nos seus sonhos

O que é preciso fazer para um projeto de vida acontecer? Como os sonhos deixam o ideal e caminham para o real? Para o empresário grego George Koukis, fundador da organização internacional A dream for the world [Um sonho para o mundo], é preciso coragem, determinação e gostar do que faz.

Isso é suficiente? Não! Existem outros requisitos para essa batalha. Paixão, fúria, desejo de que dê certo são fundamentais. O desejo de melhorar o mundo, ou ao menos a relação entre as pessoas, está na base dos projetos que dão certo. Ter um olhar mais generoso, para si mesmo e para os outros, desperta uma força interior e uma capacidade de realização extraordinária. Não acredita? Então, passe seu tempo com pena de você mesmo e duvidando de sua capacidade para ver como tudo desmorona.

Gente bem-sucedida, e é bom lembrar os casos dos norte-americanos Bill Gates e Steve Jobs, jogaram alto acreditando na popularização digital e tecnológica. Mas não é preciso destacar apenas esses casos famosos. Há muitas pessoas, gente como a gente, que também estão fazendo a diferença.

Em nível pessoal, cabe perguntar: será que sou assim? Será que saio do comum? Sim, todo mundo é. Apenas alguns ouvem a tal vozinha interior e vão em frente, enquanto outros se acomodam. É possível melhorar o mundo por meio de ideias pequenas que vão crescendo com o tempo.

É preciso ter uma meta maior. Se você é educador físico e quer montar uma academia para ser bem-sucedido, nada contra. Mas se quiser ir além e criar programas que ajudem as pessoas a equilibrarem exercício com boa alimentação, parabéns. Saiu do lugar-comum. Se quer montar um café, mas além disso quer criar um espaço para troca de ideias, perfeito.

Amplie seus horizontes. Assim, você começa a unir o lucro (o útil) com o prazer pessoal (o agradável).

Hoje em dia, nem sempre as empresas mais bem-sucedidas são aquelas que conseguem mais lucro, mas as que criam um diferencial. Foi o que fez o empresário George Koukis: ele levou sua empresa de software de bancos à liderança mundial depois de distribuir bolsas de estudo para jovens alunos frequentarem escolas de excelência.

Sonhar não é apenas realizar um desejo pessoal. O desejo passa assim que você o satisfaz. O sonho é rico, cheio de possibilidades, e também beneficia os outros. Depois que você define seu sonho, vem a outra etapa: enfrentar o medo. Arriscar-se causa temor, não adianta negar. Há uma frase que resume bem isso: "O medo tocou a campainha. A coragem foi abrir a porta. E não encontrou ninguém". O medo tem sua função, senão você sairia por aí quebrando a cara e caindo em roubadas a toda hora. Porém, é preciso não se deixar dominar. O medo exagerado quase nunca nasce do real, mas de experiências do passado que deixaram marcas. Quando você entender isso, ficará mais livre para abraçar seu sonho. E o faça de cabeça erguida, com a sensação de quem ouve a música e a segue com o coração.

"E um sonho sempre pode acontecer..."

Escolhi o título desta última parte da nossa conversa sobre sonhos, inspirado na música "Receita de felicidade", do Toquinho, cuja última estrofe termina assim: "Sonhe, pois sonhar ainda é fundamental / E um sonho sempre pode acontecer".

Eu disse anteriormente que os sonhos infantis estão classificados na categoria de devaneios. Mas isso não quer dizer que não tenham sido importantes para a nossa formação. É nessa fase tão rica da vida que criamos, dentro da nossa alma, os caminhos onde se movem os sonhos. Na minha infância, eu sonhava em ganhar uma mobilete, que era como uma bicicleta motorizada, ou achar uma grande soma de dinheiro na rua. A gente vai ganhando força com os sonhos. Quando nos tornamos adolescentes, passamos a sonhar com coisas maiores: fazer faculdade, ser um grande profissional, ter um carrão, uma boa casa...

E hoje eu penso nas pessoas que têm mais ou menos a minha idade, 40, 50 anos... Cadê os nossos sonhos? O que estamos sonhando ultimamente? E me assombro um pouco com isso. Não sonhamos mais como quando éramos mais jovens.

Não deixe de sonhar, mesmo sendo adulto! "O homem mais pobre não é o homem sem dinheiro, é o homem sem sonhos", como disse Max Forman. Isso é muito mais importante do que pode parecer. Como dizia o Cazuza: "Quem tem um sonho não dança". Eu entendo isso como "quem tem um sonho não fracassa". Ter sonhos nos motiva como um todo. Um grande sonho nos faz reorganizar todos os aspectos da nossa vida. Ao estabelecermos as metas e as estratégias para atingi-las, nós mexemos em toda a nossa estrutura física, emocional, profissional, financeira, espiritual e familiar. Isso causa um impacto enorme em nossa rotina.

Se não há grandes sonhos, procure realizar os pequenos. Muitas vezes, grandes ideais estão escondidos em pequenos desafios. Por exemplo: alguém que sempre desejou aprender a pintar matricula-se em um curso inocente, aprende a técnica, envolve-se em sua primeira exposição, na segunda, na terceira e daí o céu é o limite. O sonho se esconde nos desafios do dia a dia. Não se prive de tentar coisas novas, não deixe de olhar o mundo com curiosidade e atenção, com a alma aberta.

Um sonho sempre pode acontecer...

CAPÍTULO

2. O resgate da motivação

Ninguém acorda motivado todo santo dia. Muitas vezes, abrimos os olhos e percebemos que nosso gás está no mínimo. Nessas horas, o que nos tira da cama é a disciplina. É preciso ter consciência de que reagir é a única opção possível!

Vender mais é nosso objetivo em comum. É preciso sempre criar novas formas de atrair o cliente e nunca ficar parado. O título da minha palestra "Motivando para vender mais" tem o verbo no gerúndio justamente por isso: vender é um ato contínuo, algo que não pode parar. E nem deve.

Eu continuo nessa missão desde quando era menino. Comecei aos 12 anos, em um tempo em que a gente podia trabalhar bem novinho. Desde então, venho construindo passo a passo minha carreira de vendedor, que aprendi a amar de todo o coração. Graças a Deus!

Não foi fácil. Mas a maior recompensa é exatamente essa: não desistir no primeiro obstáculo e acumular lições a cada vitória. É assim na vida. É assim na profissão.

Cada cliente que chega à loja é um desafio. Nem todos você vai conseguir convencer. Mas é preciso que saiba que fez o seu melhor. Cada dificuldade tem de ser vista como um impulso para melhorar. O fracasso ensina. Sempre acreditei nisso. A minha motivação nasceu do empreendedorismo, da vontade de progredir. Eu tinha clareza de que investir no trabalho era a única possibilidade de crescer na vida. E para isso sempre contei com três ingredientes fundamentais: família, força e fé. Sem apoio em casa, fica difícil a vida na empresa. A força vem da certeza de que o caminho escolhido é o certo. E sem fé tudo fica sem sentido, perde a razão, e a vontade de desistir bate à porta sem que se perceba.

> *A minha motivação nasceu do empreendedorismo, da vontade de progredir.*

Outro fator que sempre me ajudou: a alegria. Sem isso não dá para encarar a luta. Motivos para ficar triste ou desanimado a gente tem aos montes. Em qualquer lugar, seja na rua ou no mundo virtual, sempre há reclamações. É gente falando mal da política, do esporte, da televisão, se está frio ou se está calor etc. etc. etc. Chega! Acredite, isso é um vício! Xô desânimo! Sai para lá baixo-astral! A alegria conduz à vitória. Para cada pessoa que quer ajudá-lo, existem dez para puxar o tapete. Sendo assim, por que você não se ajuda primeiro, antes de esperar isso dos outros? É como aquela música do Renato Russo, "Mais uma vez", "Se você quiser alguém em quem confiar / Confie em si mesmo / Quem acredita sempre alcança". Nunca perca essa confiança. Use a alegria a seu favor.

Um sorriso aberto e sincero no rosto é uma das ferramentas mais poderosas que um vendedor pode ter.

Imagine entrar em uma casa onde os moradores são sérios ou até mesmo carrancudos. Parece que você é uma visita indesejada. Então, por que alguém se sentiria estimulado a comprar se você não se mostra contente com esta presença? A sabedoria popular diz que: "O sorriso enriquece os recebedores sem empobrecer os doadores". É a mais pura verdade. Um sorriso movimenta os músculos da face, conecta pessoas, desanuvia o ambiente, gera descontração e confiança. Claro, a vida não está fácil e a crise ronda os negócios. O desânimo fica à espreita. Mas não há outra saída. Em que ramo de atividade é possível se dar bem sem ser alegre? Numa funerária, talvez. Em todos os outros é necessário, sim, demonstrar para o seu cliente a alegria em recebê-lo. Tenha em mente que, na nossa área, gente mal-humorada não prospera. Diga sim para a alegria. Mas não da boca para fora. Tem de vir de dentro. Em minha palestra, nós fazemos uma dinâmica de abrir a boca e deixar sair, bem alto, com toda a força dos pulmões, a palavra "alegria!".

Claro que tenho consciência das dificuldades que todas as pessoas enfrentam no dia a dia. Eu mesmo superei várias delas na minha trajetória — e continuo superando. A vida não é um mar de rosas. Mas é da minha personalidade encarar os desafios com otimismo e bom humor. Sou motivado por natureza. Nas palestras, eu costumo dizer assim: "Cada vez melhor! Estou dando risada até em ponto de ônibus! Estou acordando três vezes por noite para dar aquela gargalhada!". Quando digo isso, as pessoas me olham com cara de paisagem. Eu imagino que estão pensando na cena e em como fazer para viver assim também. E tudo isso por quê? Se nada der certo, finja que deu, só para deixar quem não gosta de você com inveja!

Você precisa se sentir vencedor. Mesmo que não esteja vencendo!

Quando você perceber que não está tão motivado, faça a si mesmo essa pergunta: como eu realmente estou e por que estou assim? É uma pergunta fundamental, pois, antes de qualquer coisa, você tem de acreditar que está bem. Antes de convencer os outros, convença você. Está mesmo bem? Se não estiver, garanta que isso mude. Para tanto, é preciso conhecer um pouco mais sobre esse sentimento que é fundamental em todas as esferas da vida.

O que é motivação?

Então, o que é motivação? Às vezes, fica mais fácil definir o que não é. Embora assuma nas palestras uma postura animada, para cima, eu digo que motivação não tem a ver apenas com isso. Não é chegar para a pessoa desmotivada e começar a contar piadas, cantar ou dar risada. Claro que isso tudo é importante. Eu seria incoerente se dissesse que não, porém, motivação é algo mais profundo. É preciso tempo, paciência e persistência para encontrar dentro da gente uma brecha para conseguir, aos poucos, visualizar que existe algo maior fora dessa opressão interna.

Difícil, não? Pode ser. Mas um dos desafios mais bacanas da minha profissão é justamente entender como se faz para que a motivação retorne e envolva meus funcionários, resgatando aqueles que estão sem ânimo até para receber o cliente. É algo que me mostra que escolhi o caminho certo. A verdadeira paixão! E também é instinto de sobrevivência, porque colaboradores desmotivados puxam uns aos outros para baixo, levando a empresa junto.

Motivação é item básico para um negócio dar certo. Mas não é tão simples. Você não transfere com facilidade motivação para ninguém. Fazer um vendedor desmotivado voltar a ter vontade de vender é desafiador. Envolve conhecimento. Afinal, ele passa por outras experiências, tem uma vida fora do trabalho, problemas familiares, físicos, emocionais, espirituais, financeiros... Achar que essas áreas não interferem no trabalho é um erro. Até mesmo o rotineiro mecanismo da profissão pode levar a isso. O funcionário pode estar se cansando. Ninguém disse que trabalhar com público é fácil. Há

> *Motivação é item básico para um negócio dar certo, mas não é tão simples.*

fases em que tudo parece conspirar contra. Os clientes começam a escapar das mãos quando se acredita que já estão fisgados.

O vendedor que não dominar os desafios da vida jamais será um campeão.

Hoje, com tanta turbulência no mercado, isso se faz ainda mais necessário.

Já contei em várias oportunidades, tanto nas palestras quanto nos livros e artigos, algo simples e muito importante. Eu sempre procuro já acordar animado, para começar o dia em alto-astral. E, quando chego à minha empresa, mentalizo, como um mantra, a seguinte frase: "Não se perde uma venda em hipótese nenhuma!". É um pensamento que me motiva. O resultado é mágico. Acredite!

Então, quanto mais motivação, melhor? Sim e não. É ótimo ver um vendedor com garra, animado, mas se ele não souber o que fazer com essa vontade, vai parecer um elefante numa loja de cristais. É muita força sem direção. É preciso liderá-lo, antes que esse ânimo todo seja desperdiçado. Eu sempre digo:

O incompetente motivado adquire motivação, mas preserva a incompetência!

O incompetente motivado acredita que a ação por si só vai fazer o milagre acontecer, mas não se compromete com a qualidade, ou seja, não estuda, não se organiza, não planeja, não busca compreender a dinâmica do ambiente no qual trabalha; e aí atrapalha não só a si próprio, mas a empresa como um todo.

Por fim, é preciso ter sempre motivos válidos. Quando o motivo é irreal, passageiro ou construído em bases frágeis demais, a possibilidade de frustração é imensa e o efeito é o de um "desconvite" à ação.

Pilares da motivação

"A felicidade não está em viver, mas em saber viver. Não vive mais o que mais vive, mas o que melhor vive."
Gandhi

É preciso dar o melhor de si, não apenas na profissão, mas também na vida. Senão, que graça tem? Que retorno se ganha sabendo que a gente não fez tudo o que podia? Esse é um questionamento que se deve fazer. A vida não espera. Pequenas atitudes e pensamentos ajudam.

A motivação verdadeira precisa de pilares. Todas as áreas da nossa vida são como estruturas que nos sustentam. Elas interferem no nosso astral e é natural que fiquemos desmotivados quando algo não vai bem. Por isso é muito importante que sejamos capazes de analisar com objetividade quais são essas áreas, para que funcionem adequadamente e, quando for o caso, nós possamos dar mais atenção àquela que está nos colocando para baixo. Tais áreas são:

- **Física** – É necessário ter saúde e disposição. Sem isso, ninguém aguenta o tranco. Cuide-se, alimente-se bem, exercite-se. Esteja atento aos sinais de cansaço ou doenças. Tenha cuidado com a sua aparência. Seu corpo também reflete a saúde da sua mente!
- **Emocional** – Você tem equilíbrio emocional? Como você lida com os problemas? Todos os temos, aos montes! Uma vez, um amigo me disse: "Quando eu resolver o problema tal, vou ser feliz". Eu respondi: "Então, você será um eterno infeliz, pois mal

resolvemos um problema, aparece outro; e você vai ter que se superar novamente".

- **Familiar** – Família é a base, a segurança. É o porto seguro, o local para onde você volta depois de uma longa e árdua jornada, e, muitas vezes, é também o motivo de você ter empreendido essa jornada.
- **Profissional** – Você tem que se sentir seguro na empresa. Hoje em dia, com essas notícias de crise, os boatos crescem na mesma proporção. Por isso, não sintonize tanto a "rádio corredor". Cuidado para não virar freguês da rodinha no café. É preciso ter entusiasmo, lembrando que a palavra tem origem no grego, *enthousiasmós*, que significa "um êxtase provocado por uma força divina".
- **Financeira** – Quem não consegue controlar as contas vive no vermelho ou no cheque especial. Não consegue se equilibrar. Se você está devendo, existe o risco muito provável de que encare cada venda com muita ansiedade. Assim poderá acabar assustando o cliente.
- **Espiritual** – Procure estar tranquilo, apesar de tudo. Fique focado. Faça da sua fé, não importa qual seja, um impulso para acreditar em você mesmo e começar sempre uma semana melhor.

Cuidado! A ansiedade mata a venda, mas a calma pode salvá-la.

Nunca é demais lembrar que o ideal é que estejamos em paz e prosperando em todas as áreas possíveis. Claro que essa é uma situação improvável. Mas cada setor da nossa vida dá força para lidar com o outro. Não apelamos à espiritualidade quando precisamos de uma força na saúde, no trabalho, na família? Assim é que deve ser! Um setor ajuda o outro. A área que vai bem espalha energia pela vida!

Eu trabalho muito com o conceito de "área alavanca": identifique a área que não está boa em sua vida. Ela vai ser sua "área alavanca". Devagar, trabalhe nela. Não é possível fazer com que todos os âmbitos da vida comecem a funcionar perfeitamente de uma hora para outra, por isso você vai escolher aquele que está precisando de mais atenção e vai melhorar aquele segmento, para que traga coisas boas.

Há algumas maneiras de manter a motivação em alta, evitando entrar nas fases críticas de desânimo. Lembrando que são dicas que trabalham em conjunto:

1. **Acredite em você.**
2. **Não desista de lutar.**
3. **Tenha sonhos.**
4. **Aprenda com seus erros.**
5. **Realize atividades que o façam feliz.**
6. **Reserve tempo para refletir.**
7. **Pense positivo.**
8. **Estabeleça metas.**
9. **Não reclame, ache soluções.**
10. **Comemore as conquistas.**

Seguindo essas dicas, você vai construir um futuro melhor, com certeza!

Ikigai – sua razão de existir

Sempre digo que vejo a motivação como a junção das palavras "motivo" e "ação". Há uma história que recebi por um aplicativo de mensagens para ilustrar isso. Não conheço a autoria, mas o texto tem um desses ensinamentos que tocam fundo o coração da gente. A história é sobre um camelô que vendia bebidas. O autor conta que pediu uma água e, enquanto o vendedor descia a pesada caixa ao chão, apareceu uma chupeta presa ao isopor. Para tentar descontrair, ele perguntou ao moço se vendia chupetas também e se o negócio era bom. Então, o vendedor riu e explicou que há alguns meses havia nascido sua filha, a Mirella. E que ele amarrou a chupeta ali para que, quando os ombros doessem pelo peso da caixa, quando as pernas tremessem, quando não tivesse onde sentar ou quando não estivesse conseguindo vender, ele não desanimasse. Ele disse que sempre que isso acontece, ele olha para a chupeta e lembra o porquê de estar ali e para quem... "E, para finalizar, ele me disse que saía de casa com apenas uma coisa na cabeça: ele não voltava para casa com a derrota e não se contentava com o empate, só chegava em casa com a vitória!".

Ter uma razão muito forte para acordar todas as manhãs é a chave da motivação.

Isso é tão sério que no Japão há um nome específico para esse motivo que dá sentido e força à nossa vida: *ikigai*.

A palavra não tem tradução literal. Seu significado, no entanto, faz muito sentido: "Razão de existir", ou "razão pela qual você acorda todas as manhãs". É o que move e faz você feliz! É um termo que teve origem em Ōgimi, um vilarejo localizado no arquipélago de Okinawa, no Japão, e que se tornou conhecido por ter a população mais velha do mundo. Velha, mas com muita qualidade de vida! Ao lado de hábitos saudáveis, os habitantes de Ōgimi têm uma prática tão impregnada no seu modo de viver que ganhou esse nome, *ikigai*. O Japão todo o conhece. Está intimamente ligado à motivação. Cada pessoa tem seu próprio *ikigai*, sua "razão de viver". Quem tem seu *ikigai* não vive ligado no "piloto automático", executando tarefa atrás de tarefa, sem nenhum prazer. Quando você sabe qual é a sua razão de viver, você consegue se levantar pela manhã mesmo nos dias mais difíceis e o peso dos problemas não parece tão grande.

Para alguns, o *ikigai* é a família. Para outros, a empresa, o esporte, uma causa. Ele se manifesta como uma paixão da pessoa por alguma coisa. E essa paixão revela uma vocação que, com o tempo, passa a ser encarada como uma missão. O quadro se completa quando sua missão se torna uma profissão.

Tem gente que tem mais de um *ikigai*. E como é algo muito importante e que dá muita alegria, a motivação para enfrentar todas as outras tarefas do dia se multiplica!

Mas como encontramos nosso *ikigai*? Ele é resultado de um conjunto de fatores. O primeiro é a paixão, algo que você ama fazer. Além da paixão, deve haver também vocação, ou seja, habilidade para fazer aquilo que se ama. Esse propósito, por sua vez, ganha mais significado na medida que seja uma necessidade da sua comunidade, cidade, país, grupo social etc. Por esse motivo, frequentemente, seu *ikigai* se torna sua profissão, e esse retorno financeiro realimenta a motivação. Resumindo, a verdadeira razão de existir é a junção desses quatro elementos: paixão, vocação, missão e profissão.

Encontrar um *ikigai* demanda autoconhecimento. Você precisa prestar muita atenção em si mesmo. Para identificar sua paixão, aquilo que lhe traz prazer e satisfação, desacelere. Às vezes, a pista está num sonho da infância que ficou adormecido. Olhe para o mundo com curiosidade, permita-se sonhar com algo novo.

Há uma ferramenta para auxiliar as pessoas nessa busca. Veja o diagrama *ikigai*. Nela, é possível ir preenchendo cada campo e identificando as intersecções entre eles:

IKIGAI:

razão pela qual você acorda todas as manhãs.

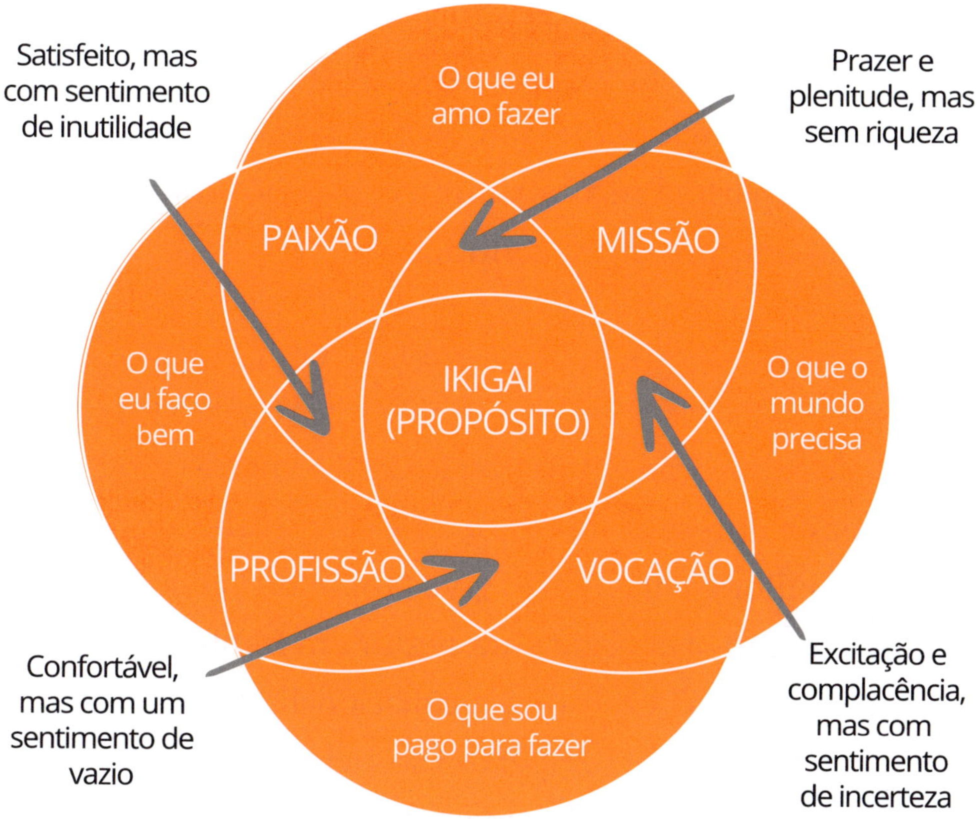

Alguns profissionais de gestão empresarial expandem esse conceito para o mundo corporativo. Claro, cada empresa deve ser consciente de seu propósito e o entendimento desse propósito é facilitado se o empreendedor busca identificar: qual é a paixão de seu negócio (o que a empresa adora fazer), qual é sua missão (quais são as necessidades dos clientes), qual é sua vocação (qual é a habilidade da equipe) e qual é a profissão (qual é o modo de gerar remuneração). A filosofia *ikigai* tem norteado o entendimento desse propósito. E, claro, quando os funcionários também têm essa clareza e se percebem parte dessa estrutura, a vida no ambiente de trabalho adquire outro sentido.

Os motivos da desmotivação

A desmotivação é muito prejudicial à vida do profissional e das empresas, mas não é rara. Como líder, empresário, consultor e palestrante, vivo "topando" com pessoas que perderam a energia para seguir em frente. Algumas nunca a tiveram. Outras têm consciência da deficiência, mas não conseguem romper o ciclo vicioso. Há muitas histórias de pessoas desmotivadas pelas causas mais variadas e de problemas gerados por esse estado de ânimo.

Quando a pessoa não encontra em si os motivos para sua ação – ou seja, para estar motivada –, acaba gerando uma demanda que atinge a equipe de várias formas. Seja deixando tarefas por fazer ou colocando os colegas para baixo por causa de um climão ou de um resultado tão ruim que afeta todo mundo. O estrago é inevitável, para o profissional, individualmente ou para o grupo.

Nos anos em que fui diretor comercial de uma rede de varejo de móveis, trabalhei com um montador que era a desmotivação em pessoa! A equipe que eu coordenava era grande e ele trabalhava exatamente na loja onde eu passava mais tempo. Ele sabia que precisava de motivação, mas não conseguia encontrá-la dentro de si. Então, todos os dias, vinha até mim, para que eu o elogiasse! Até a vez em que eu disse a ele: "Nossa, Camargo! Vou gravar uma fita com a minha voz dizendo: 'Vai, Camargo! Você é o melhor montador! Ficou maravilhoso, cara! Arrasa, Camargo!'.". Sim! Isso foi no tempo da fita cassete! E por que eu disse isso a ele? Porque ele estava certo em buscar motivação para melhorar, mas no lugar errado. A verdadeira motivação, como já expliquei, está dentro de cada um. Já pensou se cada funcionário em busca de motivação fosse sempre até a sala do chefe buscar elogios? Não se faria mais nada! As chefias precisam se dedicar a todas as áreas da empresa. Os problemas são muitos. Os funcionários precisam ter métodos para se pôr para cima! Eu sempre tive que me virar desde muito cedo. Não tive opção que não fosse dar o meu melhor com o que eu tinha à mão. Nunca fui um funcionário grudado no líder. Então, quando estiver desanimado, olhe para dentro de você, para seus sonhos e amores. Busque sua motivação para ser eficiente! É isso que faz a diferença.

Os maus conselhos de pessoas invejosas também são grandes demolidores da motivação. Tive uma funcionária que era realmente excelente, talentosa e motivada. Tanto que, logo nos primeiros meses, já despertou a inveja de uma colega que passou a aconselhá-la com o único intuito de apagar aquele brilho todo. Aconteceu que ela foi procurando não parecer tão animada, perdeu em resultados e acabou sem o emprego. Cuidado com os colegas invejosos. Infelizmente, eles existem. É preciso aprender a identificá-los. E não se intimide. Lembre-se sempre dessa lição de vida dada pelo acordeonista, cantor, piloto e paraquedista Waldonys. Ele conta que certa vez estava pilotando um pequeno avião. Aí, levou um susto: viu um rato roendo os fios do motor. Situação delicada! Que fez ele? Ganhou altitude com a aeronave, de forma bem rápida. O rato morreu. E ele explica o que aprendeu com a situação. “Se você se sentir ameaçado, voe cada vez mais alto. Os invejosos são como ratos, não suportam as grandes altitudes.”

Trabalhar ao lado de colegas desmotivados é um banho de água fria no nosso ânimo. Procure não depender da *vibe* de terceiros. Delegar aos outros os altos e baixos do seu ânimo para trabalhar não é um bom negócio. Sabe por quê? Você quer ter o controle, certo? Então, se os resultados são satisfatórios, você está no caminho certo e deve seguir nele. Não significa não ser solidário com os colegas. Você pode e deve ajudar sempre que puder. Isso une a equipe. Mas é preciso separar uma coisa da outra. Garanta que o seu trabalho seja brilhante.

Há um vídeo muito popular na internet conhecido como *The Little Frog* (Beach, J., 2015). Ele ilustra muito bem a importância de ter personalidade. Tudo começa bem, com um bando de sapinhos correndo. Acontece o inusitado: dois deles caem no buraco. Logo, os outros começam a dizer: "Vocês jamais vão conseguir, o buraco é muito fundo. Vocês não têm impulso para sair daí!". De repente, começa a chover e os que estão do lado de fora bolam um plano: esperar que a água da chuva encha o buraco até que os dois possam sair. Um deles resolve esperar, mas o outro continua tentando, enquanto os sapos no alto gesticulam para que pare de se cansar. De repente, ele dá um salto muito alto e consegue! Fora do buraco, ele se vira e agradece aos colegas pelo estímulo para que tentasse sair. Eles ficam confusos, afinal, estavam gesticulando para que ele não saltasse! Até que um deles percebe que o sapinho é surdo e por isso não ouvia o que os demais diziam. A moral da história é: "Não deixe que o façam desistir com palavras desanimadoras!". Eu complemento que eles não falam por mal, mas porque só veem o lado ruim, negativo. São incapazes de acreditar. Na nossa vida é assim também. Acredito que a gente só sairá do buraco se ouvir a nossa voz interna, sem esperar que os outros nos motivem. Essa força deve partir da gente. O segredo não está na motivação, e, sim, na automotivação.

O segredo não está na motivação, e, sim, na automotivação.

E outra: soma ou some! Em todos os sentidos, seja pessoal ou profissional. Essa frase já ficou famosa nas redes sociais e tem toda razão de ser. Por que você vai ficar ao lado daquela pessoa que não acrescenta mais nada em sua vida ou daquele colaborador que se acomodou e parece jogar contra? Se não é possível fazer a pessoa sumir, cabe a você estabelecer uma distância segura!

O líder tem papel fundamental na manutenção da motivação de toda a equipe e também de cada colaborador individualmente. O chefe desinteressado, desmotivado, agressivo, que nunca elogia, que não participa do trabalho com o grupo, acaba não estabelecendo vínculos com os subordinados e, pior, acaba não permitindo o estabelecimento de vínculos entre eles próprios. Isso desagrega e é péssimo para qualquer empresa! Já perceberam que parece que o "remédio" preferido de certos chefes ditadores é o "problemol"? Ele faz questão de administrar isso todos os dias, em doses homeopáticas, para os seus funcionários. Vê apenas os problemas, não o que está certo. Nunca procura olhar com interesse legítimo o que está ocorrendo. Acredita piamente que a pessoa só vai para a frente quando leva bronca. Já chega matando todo entusiasmo, com aquele jeito de "seca pimenteira" e um ar de quem acredita que só gente durona é competente. Quem é bom com gente, cresce. Quem é ruim, apodrece.

Tem outro tipo de líder perigosíssimo: aquele que, por não prestar muita atenção à própria equipe, não a conhece. Entre os vários problemas que isso acarreta estão elogiar e premiar os colaboradores errados, aqueles menos esforçados. E um funcionário motivado, que tenta dar sempre o seu melhor, vendo o colega que não se esforça sendo gratificado, às vezes até mais que ele, corre um risco imenso de se desmotivar. Esse tipo de chefe não administra os conflitos, justamente por não conhecê-los. Equipe que briga demais não se motiva. Olho vivo, líder!

Mais quatro campeões da desmotivação: **a falta de objetivo, a falta de foco, a falta de estudo e a falta de planejamento.** Essa turma é realmente eficiente no quesito frustração, porque ao não ser focado, não estudar e não planejar; mesmo todo o esforço do mundo não vai ser suficiente para levar ao sucesso. O ator Arnold Schwarzenegger tem um exemplo excelente sobre a falta de objetivo: "Todo avião que decola sabe onde está indo. Imagine que você tem o avião mais sofisticado do mundo. Ele decola e não tem lugar nenhum para ir. Ele não terá uma missão bem-sucedida, não importa o que aconteça. Você não funciona direito se não tem uma missão, se não tem uma visão específica e uma meta específica. Por isso é tão importante ter uma missão".

Em toda a sua trajetória, o estudo deve ser uma constante. Eu que o diga! Estou sempre me reciclando. É preciso conhecer estratégias de vendas, os produtos com os quais trabalhamos, o mercado em que atuamos e também as atualidades do mundo em que vivemos, para estarmos aptos a conversar sobre tudo com os nossos clientes! E o mercado mudou, todo mundo sabe (ou deveria saber). Aquela estrada reta e plana não existe mais. Transformou-se num terreno cheio de desafios. E o que se deve fazer? Adaptar-se à nova realidade. Ficar lamentando sobre o tempo em que a estrada era mais fácil não vai levar a lugar nenhum!

A falta de iniciativa mantém a desmotivação. Às vezes, é preciso um esforço extra para superar a letargia e dar o primeiro passo. Há um pensamento muito inspirador a esse respeito: "Suba o primeiro degrau com fé. Não é necessário que você veja toda a escada. Apenas dê o primeiro passo". Essa frase do grande líder Martin Luther King Jr. nos ensina bastante. E se fosse em sua caminhada? Não fique preocupado em saber como ou quando será o final do percurso. Se não sair do lugar, você não muda nada. Tenha coragem e dê o primeiro passo! Degrau por degrau. E não se esqueça: o sucesso é construído aos pedacinhos.

E mais: fora preguiça! Quando a gente vê um bicho-preguiça, quase sempre o acha fofo. Aquela criatura deitada, que só move um braço para pegar a comida, é engraçada mesmo. Gente preguiçosa tem mesmo esse lado divertido. Nos negócios, sabe quem o acha uma gracinha? Os concorrentes, porque sabem que não precisam se preocupar com ele.

A preguiça e o sucesso não se dão muito bem: ela é especialista em fazê-lo dormir!

Os problemas particulares importam, sim, mas têm que estar bem trabalhados para não interferir no desempenho dos colaboradores. Não adianta tapar o sol com a peneira. Todos têm problemas maiores ou menores, mais ou menos vezes na vida. Por isso, o meu conselho de gestor é: esteja atento aos seus funcionários. Observe se estão tristes ou felizes, se estão se dando bem com os colegas, se parecem estar se distraindo com frequência. Chame-os para uma conversa, deixe-os falar. Encontrar no chefe um ponto de apoio, uma pessoa receptiva e compreensiva, gera confiança e uma sensação de acolhimento que faz toda a diferença para quem está passando por um momento difícil. Vou falar com mais detalhes sobre isso no capítulo dedicado à liderança. Mas gostaria de contar uma questão particular minha (entre os tantos desafios que tive na carreira, como todo mundo) que identifiquei como um fator de desmotivação. Hoje eu percebo que era algo que parecia muito complicado, mas não era tanto assim. Passei por muitas coisas, fui crescendo e conquistando meu

Tenha
coragem e dê
o primeiro
passo.
O sucesso
é construído
aos
pedacinhos.

espaço. E chegou um dia em que me dei conta de que eu precisava superar o meu começo difícil trabalhando no varejão. Era necessário "superar a cebola"! Quando eu digo isso, significa que destaco e agradeço meus primeiros passos, mas não posso ficar preso a esse passado. Há que se progredir. Quando estava em formação na Academia do Palestrante, em São Paulo, os instrutores me disseram: "Se você não superar a cebola, não vai chegar a lugar algum". Por que me falaram isso? Porque eu levava as mazelas da vida para cima do palco. É bom contar histórias de vida, mas rapidamente sair dessa energia. Caso contrário, fica muito triste. E quem não tem história triste? Sábio conselho. "Superar a cebola" é evoluir, se autodesenvolver, é não investir no "coitadismo". Senão sua plateia vai ficar em baixo-astral.

Falta de bons motivos para a sua ação também desmotiva! Eu disse lá atrás que os nossos motivos devem ser válidos; caso contrário, haverá frustração e, consequentemente, desmotivação. Vou citar um exemplo. Uma conhecida minha estava para prestar o vestibular. Na época, estava apaixonada por um estudante de física cujo apelido era Russo. Para chamar a atenção do moço, ela prestou o vestibular para física e iniciou um curso de língua russa. Aconteceu o óbvio! A motivação dela sumiu quando a paixão virou história! Voltou para o cursinho, abandonou o curso de russo e começou a ser feliz quando descobriu dentro de si suas razões mais verdadeiras! Percebe como o autoconhecimento está intimamente ligado à percepção dos nossos motivos mais legítimos?

Duvidar de si próprio desmotiva também! Ter fé no próprio taco motiva, dá boa parte do gás necessário para seguir na luta. Eu disse "boa parte", porque devemos ter consciência das nossas qualidades, mas também das nossas deficiências, sempre trabalhando a fim de melhorar. A gente não anda para trás. Conhecimento não se perde, assim como talento.

Não saber por onde começar ou se encontrar perdido em uma situação difícil gera desmotivação. Isso muitas vezes nasce da falta de referências, de pessoas com quem se aconselhar ou para quem perguntar as coisas. Saber reconhecer os conhecimentos dos colegas é indispensável. "Importante é saber quem sabe", diz o ditado. É preciso uma boa dose de humildade, sem esquecer a gratidão. Em seu famoso livro *Quem pensa enriquece* (2018), o escritor Napoleon Hill narra um caso que mostra como procurar as informações corretas com as pessoas corretas significa sucesso ou fracasso total. A história é mais ou menos conhecida no meio empresarial, pelos nomes "A menos de um metro do ouro" e "O homem que desistiu cedo demais". Conta o autor sobre tio e sobrinho que encontraram ouro no oeste dos Estados Unidos durante a Corrida do Ouro. Eles investiram nas máquinas e botaram a mão na mina. Por um bom período, extraíram muito minério, mas depois de algum tempo ele sumiu! Eles bem que tentaram encontrar mais ouro, mas foi em vão. Derrotados, venderam as máquinas a um ferro-velho e voltaram para casa com os sonhos destruídos. O dono do ferro-velho teve a ideia de contratar um engenheiro de minas para avaliar a situação. E não é que uma nova camada de ouro estava a menos de um metro de onde os dois primeiros desistiram?

Quantas vezes estamos tão cansados do fracasso que pensamos sinceramente em jogar a toalha? Nessas horas, a gente encontra força na humildade e na sabedoria, para reconhecer que não tem domínio de todas as informações e conhecimentos, e vai atrás de quem pode ajudar!

Na sequência dessa história, Hill conta que um dos primeiros escavadores se refez das perdas e iniciou uma nova profissão como vendedor de seguros. Após tomar conhecimento do ocorrido com o dono do ferro-velho, refletiu sobre a experiência e percebeu que fracassara grandemente por causa de um falso fracasso, ou seja, desistiu frente ao que parecia um "não". A partir daí, nunca mais se resignou após a primeira objeção de um cliente.

A falta de resiliência e de reação inteligente frente ao fracasso é muito comum em todas as áreas. Ninguém gosta de fracassar, mas é necessário usar o insucesso a seu favor. No filme *Os últimos Jedi*, da saga Star Wars, o mestre Yoda diz a Luke Skywalker: "O maior professor o fracasso é". Os tópicos seguintes são dedicados a isso.

A frustração das rasteiras

Nesse meio – aliás, em qualquer meio –, gratidão é uma moeda rara. Você tem de se acostumar com isso. Não se trata de se tornar amargo, achar que ninguém vale nada, mas, sim, deixar de acreditar em todo mundo, porque a decepção existe. Aconteceu comigo. Não foi a primeira decepção, mas foi uma das que mais me marcaram.

Eu dava consultorias e meu trabalho era completo. Focalizava a parte de vendas e atendimento, além da motivação e da liderança. Pegava as empresas, fazia uma radiografia individual e criava formas para que os níveis de venda aumentassem. Era um trabalho que envolvia campanhas de marketing e eu me dedicava ao máximo. Ocorre que tive uma atuação marcante para uma empresa, que em apenas 90 dias saiu do vermelho para o azul, tendo seu faturamento dobrado.

Nosso relacionamento sempre foi amigável e profissional. Terminamos o contrato da minha assessoria e segui o meu caminho. Passado um tempo, abri meu próprio negócio e precisava da ajuda deles, pois nossos ramos tinham sinergia e eu tinha expectativa de que eles me indicassem clientes — até porque não éramos concorrentes.

Em vez de ser recebido com carinho, pelo trabalho que havia realizado na consultoria, a pessoa se espantou com a estrutura empresarial que eu tinha montado. Entreguei o catálogo da nova empresa. Olhou-o com admiração, mas não se prontificou a me ajudar. Esquivou-se!

O que eu quero mostrar com essa história? Que você pode contar pouquíssimo com algumas pessoas do mercado. Eu trabalhei de coração para essa empresa e imaginava que no mínimo eles ficariam satisfeitos com a minha decisão e me ajudariam, como eu já havia feito no passado. Isso não aconteceu, então, deixo um ensinamento. Às vezes, é triste perceber que você nem começou a lutar e já tem gente querendo que você beije a lona...

Vamos ser claros: se você acredita que no seu meio todas as pessoas são bacanas e desejam que seu negócio prospere, deixe de lado as suas ilusões. Jeffrey Gitomer, no grande sucesso *A bíblia de vendas* (2010), já alertou seus leitores para isso. "Eles me ajudam, mostram oportunidades, ligam para discutir problemas comuns. Há negócio suficiente para todos. Seus concorrentes estão esperando que você faça tal afirmação, enquanto planejam sistematicamente destruí-lo. Essa é a vida na selva dos negócios, e principalmente nas vendas."

> **Gratidão é uma moeda rara em qualquer meio e temos que nos acostumar com isso.**

É legal ter a sensação de que se consegue manter um bom relacionamento com seus concorrentes, mas, como provoca o autor, se você precisasse de 50 mil ou seu negócio fosse quebrar, garanto que seu rival lhe mandaria uma nota de boa viagem. É preciso cair na real. Não se iluda. Seus concorrentes podem conversar com você gentilmente e podem até fingir ajudar, mas pergunte a eles se prefeririam que você estivesse vivo ou morto. Aposto no seu funeral. Concorrência amigável? Essa é boa, diz o autor.

"Agora, sejamos justos. Fiz a última venda, a próxima é sua. Isso não existe." Para Gitomer, na verdade, a concorrência se parece com um tipo de cobra. E ela vai picá-lo em segundos, não há dúvida. Resta saber se é ou não venenosa. Para se dar melhor com esses concorrentes, aconselha, é preciso aprender bastante sobre cobras, respeitá-las, e ter sempre por perto um kit contra mordidas.

O "não" é um dos caminhos para o "sim"!

O melhor profissional de vendas do mercado é aquele que se recupera mais rapidamente após ter levado um "não". É o que chamamos de resiliência: a capacidade de retornar à forma original, como o colchão, como a esponja ou ainda como o bambu, "que enverga, mas não quebra", como gosto de dizer. Quero explorar um pouco essa ideia, porque vejo muitos vendedores tendo dificuldades para se recuperar de situações de rejeição e fracasso.

Um dos motivos é a falta de foco no momento atual. Você já parou para pensar na importância de viver o aqui e o agora em toda a sua plenitude? O passado é nossa enciclopédia pessoal, o tempo que nos moldou e ensinou até chegarmos a ser quem somos. O futuro é uma promessa, um norte, um sonho. Mas é no tempo presente que temos a possibilidade de atuar na nossa história. Estar atento aos acontecimentos do tempo presente é fundamental para ter sucesso em qualquer esfera da vida. Isso vale para não ficar "vivendo no passado" ou mesmo "viver de sonho". Veja: a venda que não deu certo é passado, a venda que ainda não se concretizou é futuro e a venda que está em curso é a única sobre a qual você tem domínio. Portanto, evite ficar se lamentando. Sacuda a poeira do "não", analise honestamente

> *O passado é nossa enciclopédia pessoal, o tempo que nos moldou e ensinou até chegarmos a ser quem somos.*

os motivos da sua queda e esteja pronto para quando o cliente pintar na porta da sua loja ou no seu negócio!

Outro motivo: falta de consciência e aceitação das características particulares do mercado em que você atua. Ter essa percepção e saber o que esperar no dia a dia das vendas na sua área é fundamental para você se preparar emocionalmente para os eventuais "nãos", e também para a frequência dessas negativas. Por exemplo: em alguns ramos, as vendas são mais fáceis e corriqueiras que em outros.

Falando em conhecer o mercado, vou exemplificar com uma particularidade do meu setor, que é o de móveis planejados, e é causa de muita frustração entre os profissionais. O vendedor-projetista se dedica a conhecer os anseios do cliente; se informa, pesquisa, desenvolve e apresenta o projeto e, depois de tudo pronto e decidido, o cliente interrompe o processo. Alguns simplesmente somem, a ponto de sequer responderem os contatos do vendedor. Então, conheça sua área de atuação e não se deixe abater por acontecimentos que, infelizmente, farão parte da rotina. É preciso ter autocontrole, consciência de que o mercado é assim, o cliente é assim, e trabalhar na sua própria estrutura emocional. Há profissionais que se levantam em duas horas; outros levam dias ou até semanas, meses, e acabam saindo da empresa.

Aqueles que se recuperam rapidamente para atender o próximo cliente estão de posse do grande segredo do sucesso em vendas, e vão vencer no mercado.

A independência tem também papel muito relevante no processo de "voltar à forma original", ou seja, de ser resiliente. Há funcionários que ficam tão desestimulados e deprimidos que não conseguem se recuperar se o líder não ficar grudado neles. É preciso criar métodos para superar as frustrações por conta própria, até porque muitas vezes cada um conta apenas consigo mesmo para isso.

Pode parecer clichê, e muito fácil de dizer, mas o fato é que você se contagia com sua própria empolgação. Estar bem para o próximo cliente é a regra, não tem como fugir disso. O jeito é estar bem ensaiado: sorria, receba o cliente com uma leve reverência, conheça e obedeça todo o protocolo. Seduza o cliente. Tire-o para dançar. Saiba exatamente a diferença entre receber e perceber o cliente. No meu livro *Nunca mais perca uma venda em hipótese nenhuma* (2018), eu escrevi sobre isso: "Não basta receber, você tem de perceber o cliente. São coisas totalmente diferentes. Não há ser humano que se sinta bem quando tratado de maneira fria. Perceber o cliente tem a ver com colocar calor humano na forma como você o recebe em seu negócio. Deixe nítido ao consumidor que a presença dele é apreciada e valorizada no seu estabelecimento". Sorriso chama sorriso, gente! Isso volta para você em dobro.

"Um dia sem rir é um dia perdido."
Charles Chaplin

Ponha na sua cabeça que o "não" é um dos caminhos para o "sim"!

Atitude e coragem

Atitude e coragem. Você já parou para pensar um pouco mais a fundo sobre a relação entre essas duas palavras? Todas as vezes em que saiu da sua zona de conforto, muniu-se de coragem para tomar uma atitude, certo? Como naquela vez em que respirou fundo e telefonou para convidar aquela pessoa especial para sair. Ou quando, em busca de emprego, foi entregar seu currículo pela primeira vez nas empresas. Quando precisou iniciar uma conversa difícil... Veja que quase sempre pensamos em grandes empreitadas, mas esquecemos dos dias em que o passo nem parece tão elaborado, mas nos toma uma energia enorme para acontecer. Não é assim quando despertamos em algumas ocasiões, abrimos os olhos e precisamos reunir uma coragem enorme para tomar a atitude de nos levantarmos e começarmos o dia? Pois é. Esse pequeno passo para uma manhã desafiadora tem tudo para ser um grande passo para um dia glorioso!

Atitude e coragem são conceitos que se retroalimentam, ou seja, um interfere, movimenta, alimenta o outro. Tomar uma atitude muitas vezes demanda coragem, mas também é a atitude que muitas vezes provê a coragem. Quer ver? As atitudes que você toma ao longo de certo tempo fortalecem e dão coragem para passos maiores. Não é verdade? O conhecimento, adquirido com as experiências que você se permitiu ter, dá segurança para isso.

Esse pensamento é muito importante, porque a vida não é isenta de riscos. Sabemos que qualquer coisa pode acontecer a qualquer momento. E, no entanto, não nos acovardamos. É mais um daqueles clichês tão verdadeiros: coragem não é a ausência de medo. Coragem é ter atitude, mesmo com medo. Ele nos protege, pois nos faz avaliar os riscos. As vivências que nossas atitudes produzem nos capacitam a avaliar as ameaças e a tomar novas atitudes, quando for o caso.

A coragem e a atitude tiram você do lugar-comum!

É preciso coragem, por exemplo, para assumir um compromisso como fazer um curso numa situação na qual já temos tantas atribuições (trabalho, casa, filhos). Mas os ganhos irão colocar você em outro patamar e, muito provavelmente, até irão ajudar a aliviar a carga carregada antes do curso.

É preciso coragem para aprender uma habilidade que nos assusta e parece perigosa, como tirar a primeira CNH (Carteira Nacional de Habilitação). A atitude de enfrentar cada etapa do processo nos movimenta: estudar para as provas, fazer as aulas nos carros da autoescola, encarar os temidos exames e, o desafio dos desafios, o primeiro dia só no nosso trânsito, que não é para iniciantes. Tudo deu medo e, no entanto, você foi assim mesmo. Hoje, pode contar com esse meio de transporte que facilita tanto a vida, que agiliza o trabalho, dá conforto para a família.

É preciso coragem para superar traumas. Às vezes, não carregamos boas referências das experiências passadas, mas é preciso ter em mente que a chance que aparece agora pode ser diferente e que não estamos partindo do zero, mas, sim, de um ponto do qual conhecemos os erros e podemos atuar de forma a evitar que se repitam, aumentando nossas possibilidades de sucesso.

É preciso coragem para colocar limites ou romper relacionamentos tóxicos, abusivos ou que nos expõem a riscos. A coragem também é necessária para reconhecer que, às vezes, estamos em lugares aos quais não pertencemos, ou presos a situações que não nos servem mais. Pode ser muito dolorosa, mas é com essa atitude que iremos encontrar uma vida emocional, física e espiritual equilibrada.

É preciso coragem para assumir que não entendemos de determinado assunto e, portanto, sermos humildes para ouvir quem entende. É assim que chegamos ao conhecimento verdadeiro.

É preciso coragem para estabelecer as metas dos vendedores extraordinários, porque elas vão demandar muito mais trabalho que as metas dos vendedores medianos. Desse modo chegamos à excelência!

Atitude e coragem andam de mãos dadas com o autoconhecimento. É ele que indica nossas limitações e medos, lembrando que estes não são empecilhos, mas obstáculos nos quais devemos nos concentrar e estudar para que sejam ultrapassados.

Procure conhecer histórias de pessoas inspiradoras. Não apenas as famosas ou mais populares nos ambientes que você frequenta. Saiba que ao nosso redor, dentro de pessoas que nem suspeitamos, existe muita riqueza em forma de histórias de vida que não somos capazes de imaginar. Por isso, sempre devemos prestar atenção às pessoas, no que elas têm a dizer. Há lições incríveis onde menos esperamos.

Motivação e vendas

Eu gosto muito das histórias edificantes de motivação em vendas. Elas mostram como uma atitude positiva e bem planejada surte efeito e resultado satisfatório, mas, muitas vezes, parece que as histórias de desmotivação não ficam atrás. Isso acontece justamente porque elas evidenciam os caminhos até o desastre de ver o cliente virando as costas e indo embora sem comprar nada.

Um desses caminhos é o atendimento-padrão. Sabe aquela atendente de supermercado que pergunta para você, sem nem olhar para a sua cara: "CPF na nota, senhor?". E depois vem com outra pergunta, na hora de colocar o cartão: "Débito ou crédito?". Parece uma máquina. A gente sabe que a função não é fácil, mas custa ter um pouco de ânimo? Fica algo mecânico demais. Ninguém gosta de ser atendido assim. Não cabe nem reclamar, nem é questão disso. É só de vontade mesmo. O cliente de hoje em dia quer um atendimento-padrão sim, mas é o de excelência, que seja perfeito do começo ao fim. Ele deseja uma sinergia que prossiga até o pós-venda.

Se eu fosse definir o funcionário ideal, diria que é aquele criativo, que procura sempre uma nova saída. Ele é o polivalente, que está com o coração e a mente focados naquilo que faz. Aquele que não fica apenas no básico. Porque existem os que são bons no que fazem, mas parecem robôs. Pinta uma situação inusitada e ficam com cara de cachorro que caiu do caminhão da mudança. Parece que imploram para sair de cena rapidinho e pedir ajuda. O colaborador que eu curto é o que não perde nada do que está acontecendo, fica alerta, atento. Cuida da rotina e está sempre ligado em todos os movimentos.

Já o vendedor desmotivado, quando vende, "sofre" a compra. Sempre digo isso. Deu pura sorte. Mas não é o que geralmente acontece nesses casos. O mais comum é o cliente desistir da negociação. E isso pode se dar em qualquer ponto do processo. Por isso, cuide para que seu trabalho ocorra no ambiente mais adequado possível e, neste local, dê o seu melhor desde o início até o pós-venda. Defina os pontos positivos e negativos de um atendimento como estratégia para ver o conjunto. Os positivos: café quente, atenção genuína, ambiente organizado, música adequada. Os negativos: café frio, falta de atenção, ambiente poluído, música alta e inadequada. Loja vazia também desmotiva. Gente chama gente. Parece uma lei, pois quando o local está vazio, o público não se motiva tanto a entrar. E para o vendedor, claro que essa situação desmotiva. Uma quantidade de gente razoável é sempre importante. Ah, você vai dizer: isso é óbvio! Todo mundo sabe que tem de ser assim! Sabe mesmo? Então, por que na prática não é assim?

Veja: uma boa empresa oferece tudo para que o funcionário possa trabalhar, cuida do ambiente, dos equipamentos, dos produtos, do marketing. Sempre vai haver aquele profissional que é um estouro, porque ele é mais motivado, engajado, busca sempre melhorar, não leva problemas para dentro da empresa. Ele precisa ganhar e ninguém pega esse profissional de vendas. O vendedor comum é aquele que o cliente nem precisa enxergar para fazer a compra. Ele levaria de qualquer forma. Os resultados desses dois profissionais sempre serão diferentes entre si. No final, é assim: você dá a empresa toda bonitinha para um grupo de 20 e vai ver que cinco ficarão em primeiro e os outros 15 sempre serão os últimos.

E aí eu quero chamar a sua atenção para um fato que é um diferencial muito importante e que empresas e funcionários não têm levado em consideração: a força sempre será humana. Precisamos fazer o resgate do ser humano! Melhorar os objetivos dele, dar-lhe condições e consciência. É necessário engajar o funcionário no sonho, para que ele esteja bem na empresa, sem problemas e ainda motivado, buscando se atualizar. Esse é aquele vendedor que sai da empresa para almoçar ou descansar, mas não tira o uniforme. Ele vai para os lugares com o crachá, fala com todo mundo e assim segue montando sua *network*! E relacionamento é quase tudo na profissão. Eu sempre digo que para ser um bom vendedor você deve ser capaz de vender duas vezes para a mesma pessoa. Ou receber uma indicação. Cada vez mais, as pessoas querem comprar de amigos, não de vendedores. As relações que você cultiva ajudam a definir seu sucesso.

> *Para ser um bom vendedor você deve ser capaz de vender duas vezes para a mesma pessoa.*

Na atualidade, não é possível culpar exclusivamente o profissional pelo resultado. O que leva à venda é um conjunto muito grande de circunstâncias e atitudes. Por outro lado, se você observar o "vendedor destaque", vai notar que invariavelmente ele faz coisas que os demais não fazem.

Estamos totalmente imersos na era tecnológica. Para encontrar produtos com preço mais barato, o consumidor não tem praticamente nenhum trabalho. A gente brinca que na internet o produto se vende sozinho. Não é à toa que as empresas investem nos anúncios patrocinados. E por isso, mais do que nunca, o vendedor precisa saber conversar muito. Qualquer vendedor, trabalhando para mim ou para qualquer empresa, tem que se dedicar a conseguir do cliente as informações que ele precisa para entender suas necessidades, desejos e possibilidades. E assim, mostrando as melhores opções ao cliente, é que se consegue retê-lo.

Em vendas, como na vida, tudo é por amor. Ou pela falta dele. Disso depende se você terá ou não sucesso no que faz. É preciso demonstrar amor no trabalho, não apenas para os outros. Para você. Nisso eu me lembro de um vídeo da Nossa Caixa (que nem existe mais, mas o exemplo ficou). Mostra um produtor regando seus pés de alface com amor e falando com eles. Acha que não dá resultado? Sabe de nada! Quem coloca o amor naquilo que faz tem um retorno enorme.

O contato face a face vende. Ninguém atinge o cliente sem tocar no humano. O atendimento com o coração pode mudar o resultado da sua venda. É preciso se conectar, muito além de se comunicar. E olhar nos olhos. Lembra o que Chico Buarque diz naquela bela canção "Olhos nos olhos"? "Quero ver o que você faz ao sentir que sem você eu passo bem demais"? Então, o cliente passa bem sem você. E você, passa bem sem o cliente?

A motivação do cliente

As pessoas têm seus próprios motivos para comprar. Elas não se guiam pelos seus motivos. Essa é uma lição básica, mas que muito vendedor ainda não aprendeu. É como o tal do "compra pra me ajudar!". Só faltou o "pelo amor de Deus!" ou dizer que precisa para o leite das crianças. Quando ocorre em uma situação-limite, de pessoas que estão passando necessidade, é uma coisa. Mas em um estabelecimento comercial, os funcionários têm que ter consciência de que apelar para a chantagem emocional não é uma boa aposta. Quem continua agindo assim está fora do mercado.

A orientação básica e elementar de uma venda é o cliente! O que ele quer? O que ele pensa? No fundo, é: "Faça eu me sentir importante, que eu compro!".

Mas como fazê-lo se sentir com a importância nas alturas?

1. É preciso que ele goste de você de cara.

2. Lembre-se de que ele quer ter uma experiência nova de compra. Seu papel é suprir essa necessidade.
3. Procure surpreendê-lo.

Durante a negociação, muitas vezes o cliente simplesmente diz: "Está caro".

É sempre o caso de se perguntar: "O senhor viu um produto igual por um preço menor?". Observe o semblante do cliente e veja para onde vai a conversa dele. Se a resposta estiver muito desconectada do assunto, você vai observar que ele não está firme na cotação. Ou seja, está jogando verde para colher maduro. Vou explicar.

Ele fala que o irmão comprou há dois anos etc., mas sem base. É hora de o vendedor perceber isso e falar de todos os seus benefícios, com convicção.

E isso acontece por três motivos:

1. O cliente não percebe o valor do produto ou do serviço.
2. Não existe diferencial algum em relação à concorrência.

3. O cliente está usando a tática mais velha do mundo (a pechincha) para negociar.

Faça uma análise e se pergunte: por que o cliente deve comprar da gente? Certamente, você vai enumerar vários fatores, entre eles o atendimento, a garantia e o prazo de entrega. Depois, faça a pergunta contrária: por que o cliente não deve comprar da gente? É quase certo que você só vai pensar em algo relativo ao preço. Então, se existem muito mais razões positivas do que negativas, por que não fechar o negócio? Coloque dessa forma para o cliente, faça-o entender que a compra é uma questão matemática, além de vantajosa.

Muitas vezes, é necessário lançar mão do velho e bom "blá-blá-blá que vende". A gente já se acostumou a definir blá-blá-blá como conversa-fiada, papo-furado. Mas, em vendas, muitas vezes ele é útil. Se deu o efeito desejado, aquelas frases que parecem clichê são uma ótima pedida. Eu tenho várias histórias em que isso aconteceu e vou destacar duas.

Um cliente estava fechando uma grande compra, em torno de 70 mil reais, apesar de ter recebido um orçamento menor do concorrente. Ele preferiu prestigiar nosso produto. Depois de fechada a venda, os dois lados felizes, eu ofereci-lhe uma linda cafeteira por ele ter nos escolhido. Ele ficou completamente emocionado! Apesar do montante que gastou, um simples mimo fez o maior efeito.

Outra história sobre isso: o cliente estava tão envolvido com a compra, de um valor alto, que a moça do cafezinho chegou e ele bateu na bandeja sem querer e um copo caiu. Ele fez questão de pegar cada caco e não quis que ninguém fizesse esse trabalho. Então, eu deixei. O que importa é que quando o cliente gosta de você, ajuda no que for preciso.

Lembre-se de que o cliente quer ter uma experiência nova de compra. Seu papel é suprir essa necessidade.

CAPÍTULO

3.

O resgate da verdade em vendas

A maneira como você trata as pessoas será lembrada por toda a vida. O melhor produto de qualquer empresa é o atendimento.

Um senhor estava interessado em comprar um dos apartamentos de um empreendimento que ia tomando forma numa grande avenida da cidade. O corretor o levou para conhecer uma das unidades que eram mais baratas porque a vista delas era um tanto quanto inusitada: as janelas davam para um cemitério.

O corretor foi mostrando o apartamento e, sempre que o cliente se aproximava da janela, ele dava um jeito de comentar sobre novos aspectos do imóvel, levando-o para outros cômodos, chamando a atenção para o tamanho das salas e quartos, a qualidade dos banheiros, da cozinha, enfim, tentando desviar a atenção da vista. A certa altura, não conseguiu mais encontrar nenhuma maneira de enrolar o cliente. O senhor se aproximou da janela e olhou para fora, avistando o cemitério. Então, o corretor desatou a contar uma história totalmente descabida, dizendo que a prefeitura tinha dado início aos trâmites para mudar o cemitério de local e que isso era quase certo. Falando sem parar, não percebeu que o cliente também tentava dizer algo. Esse papelão durou alguns instantes até que o cliente conseguiu uma brecha para falar também. Ele disse: "Não! Eu estou aqui justamente por causa da vista! Minha esposa está ali e eu quero estar perto dela todos os dias!".

Quem me contou essa história foram os outros corretores do empreendimento. O senhor acabou comprando o apartamento com um deles. Como eu, ficaram estarrecidos com o ocorrido. Isso me faz pensar muito sobre o processo da venda e quantas variáveis estão envolvidas nele, começando por aquelas de natureza estratégica, indo até as questões éticas, passando pelas técnicas de venda e de formação da fidelidade do cliente e da reputação do vendedor. Veja a quantidade de erros cometidos. Escolhas erradas atrás de escolhas erradas. Tentou-se esconder do cliente características básicas do apartamento. Não houve nenhum esforço no sentido de escutá-lo, saber quais eram as suas expectativas. O corretor agiu com extrema má-fé ao acreditar que venderia o apartamento de qualquer maneira. E, por fim, tentou enganar o senhor com uma mentira totalmente deslavada.

Resultado: além de não vender o apartamento, ainda manchou sua reputação e virou piada entre os colegas.

Não existe "esperteza" que consiga salvar uma venda que foi para um lado tão errado!

Este capítulo é dedicado a analisar as diversas etapas do processo de vendas, os problemas que rotineiramente atrapalham os vendedores e como solucioná-los. Veremos também as principais técnicas e estratégias dos profissionais de resultado, tendo como fio condutor a proposta deste livro, que é o resgate.

O atendimento genuíno: jamais seja um picareta!

Histórias como essa mostram a importância de ser verdadeiro nas suas relações com o cliente. Infelizmente, muitos se esqueceram disso e as consequências são ruins para o cliente, para a empresa e para o próprio vendedor. Resgatar a verdade nas vendas é urgente, fundamental e um dos meus propósitos.

Recentemente, recebi um material de divulgação de uma grande rede de lojas e me espantei ao constatar que destacava, como sendo seu diferencial, a honestidade, o que chamou de "marketing da verdade". A empresa é muito tradicional e reconhecidamente honesta. Ao longo de sua trajetória, sempre entendeu a idoneidade como item básico e se destacou por ser uma das melhores do seu ramo. O que mudou? Nela mesma, quase nada. O que aumentou foi o contraste entre sua boa reputação e o mercado no qual está inserida, composto por empresas que normalmente não prezam pela lisura!

Eu me orgulho de nunca ter prometido a um cliente algo que estivesse fora do meu alcance ou que não fosse verdadeiro. Todo o acordado, dos produtos ao pós-venda, é questão de honra para mim. A qualidade, o prazo de entrega, o atendimento excelente. Quem nunca se decepcionou com um produto que não cumpriu o combinado, com algum atraso ou com um atendimento que mudou completamente depois que o pagamento já foi feito? Tudo isso faz parte da verdade do vendedor.

> *Eu me orgulho de nunca ter prometido a um cliente algo que estivesse fora do meu alcance ou que não fosse verdadeiro.*

Algumas vezes, as coisas não saem como o planejado. Imprevistos acontecem. No ramo de móveis planejados, por exemplo, no qual eu atuo, acontece de um móvel se danificar, por mais cuidadoso que o montador seja. Mas basta um "ai" do cliente e o produto vai ser substituído assim que for possível, acompanhado de uma cesta de flores e um pedido de desculpas. Sabe por quê? Porque o cliente confiou em mim, na minha palavra, na seriedade da minha empresa e colocou o dinheiro dele no negócio. E é por esse motivo que nunca ninguém vai me apontar e dizer: "Cara, fiz os móveis do meu apartamento com o André... Se arrependimento matasse...".

Também não exijo menos do que isso das pessoas que trabalham comigo. É importante lembrar que numa equipe bem afinada, cada um é capaz de cumprir suas promessas e desempenhar seu papel naquele nível excelente que todos buscamos. Um caixa mal-humorado acaba com um atendimento de primeiríssima. Se alguém da equipe não faz a própria parte, vai atrapalhar o desempenho do colega e da equipe como um todo. Portanto, é cada um por todos, sim! Olho nisso, líderes!

A boa-fé é uma questão interior, algo que a gente traz conosco, faz parte da nossa natureza. Vai muito além das relações comerciais. A honestidade é fundamental para a construção de um mundo melhor. Nas vendas, a cada dia que passa, ser verdadeiro se torna mais importante. "Esperteza" demais nunca foi um bom negócio.

Desde que o homem se comunica, ele é capaz de avisar os demais sobre o comportamento inadequado de alguém.

O boca a boca é eficaz para construir um negócio, mas pode destruí-lo do mesmo jeito.

Antigamente, o cliente lesado desabafava com a família e os amigos. Hoje, além do Código de Defesa do Consumidor, as experiências de compra são divulgadas em canais muito mais potentes. Na internet há dezenas de sites que medem a reputação das empresas e publicam, nos mínimos detalhes, as reclamações dos clientes. Há pessoas que não compram nada antes de visitar esse tipo de página e não é raro elas desistirem da compra por terem se dado conta de que iriam cair numa roubada!

Então, complementando o que eu disse acima, a boa-fé é uma questão interior, mas as consequências se dão externamente; e o vendedor que não aprender por bem vai aprender por mal. Você provavelmente está se lembrando de algum picareta que "só se deu bem". Aviso: só se deu bem até agora. Ninguém engana todo mundo o tempo todo. Se você sabe que é desonesto, a reputação dele já não anda muito boa, não é mesmo?

Os limites da picaretagem nem sempre são muito claros. Há ocasiões em que um conselho recoloca a pessoa no caminho certo. Tenho uma história exemplar nesse sentido. A maioria dos vendedores acredita que é necessário ter a língua grande. Em alguns casos, é mesmo. Mas conheço um que levou isso ao pé da letra. Ele é açougueiro. Apareceu um cliente, e ele, vendedor experiente, estava pronto para o atendimento. O cliente perguntou se tinha língua bovina. O comerciante mostrou a única peça que tinha, só que o cliente não gostou muito e perguntou se tinha uma maior. O açougueiro percebeu que precisava dar um jeito. Disse que ia buscar outra na parte de trás do açougue. Na bancada do lado de dentro, bateu forte na língua (do boi, não na dele) com seu martelo de amaciar e conseguiu aumentar a peça! O cliente comprou.

O que essa história nos ensina? Ele tentou ser esperto para garantir sua venda, mas foi antiético e mentiu para o cliente. É o tipo da coisa que não se faz. Quando ele me contou essa história, eu tentei mostrar a ele que, além de desonesta, a jogada foi arriscada. E se aparecesse outro cliente bem na hora, visse a língua e decidisse levar uma também? O que ele diria na frente do primeiro? A mentira tem perna curta!

No começo da minha carreira no comércio, passei por uma situação que é um exemplo dessas histórias que ficam no limite. Quando vendia sapatos, aprendi com os colegas mais experientes que, quando o calçado aperta, é para colocá-lo na forma. Disseram: "Vê se aprende, moleque, ou não vai ganhar dinheiro com isso!". Eles me ensinaram a colocar o sapato dentro de um cabo de vassoura e forçar a lateral com movimentos circulares. O objetivo é lacear. Apesar de ser uma técnica simples, o resultado final é muito bom. O que significa essa história? Antes, pensemos na frase de Arthur "Red" Motley[1]: "Nada acontece até que uma venda seja feita". Resolva o problema do seu cliente. O sapato estava "pegando" e agora ficou confortável? Ótimo! Não importa se você usou uma máquina avaliada em um milhão de dólares ou um simples cabo de vassoura. O cliente não saiu lesado. Saiu com o problema resolvido!

1 Arthur H. "Red" Motley foi um vendedor e editor de revista estadunidense. Em seu obituário, publicado pelo jornal *The New Times* em 31 de maio de 1984, um colega o descreveu como "o maior vendedor que Deus já criou". A frase "nada acontece até que uma venda seja feita" foi dita por ele em um disco de vinil que trazia exclusivamente dicas de vendas. Lançado em 1960, o LP intitula-se *Nothing happens until somebody sells something*.

O ciclo do atendimento sensível

"Aprendi que o segredo de qualquer coisa
está no relacionamento,
se importar de verdade
com as pessoas."
Caio Giachetti

No universo das vendas, conhecer o cliente é essencial. Esse conhecimento se dá em vários níveis, na medida em que o processo se desenrola e o vendedor escuta, observa, reflete, pergunta. As características de cada pessoa podem ser evidentes ou muito sutis, suas necessidades fáceis ou complicadas de atender. Mas é necessário se empenhar com garra para conhecê-las. Esse esforço sempre vale a pena. Muitas vezes, a recompensa vai além da venda.

Quero dividir com vocês uma história que aconteceu com um grande amigo que, como eu, é do setor de móveis planejados. Ela mostra como o trabalho atencioso de um vendedor gera momentos de emoção, gratidão e aprendizado.

O irmão desse meu amigo pediu-lhe que atendesse um casal de idosos que ele conhecia: José, cego de nascença, e sua esposa, Cláudia. Eles queriam reformar a área gourmet da residência. Embora nunca tenha enxergado, ele "se vira" muito bem nos ambientes que conhece, como sua casa. Sobe e desce as escadas, se movimenta com destreza e rapidez sem colidir com móveis, objetos ou paredes. Mas teria dificuldade de compreender as informações que o vendedor de planejados e os clientes costumeiramente trocam durante a elaboração do projeto e que são expostas no dia da apresentação. Eles foram encaminhados ao meu amigo com o pedido muito especial de seu irmão: "Veja o que você pode fazer de melhor, porque geralmente as pessoas não são muito honestas com eles".

O projeto foi feito a partir de muitas conversas com a Cláudia, que ia servindo como intérprete, narrando e explicando todas as necessidades do marido. Foi um projeto complexo porque, sendo uma reforma, envolvia obras que modificariam bastante o ambiente que ele tanto conhecia.

Terminado o projeto, o funcionário marcou com ela o dia da apresentação. Mas pensava: "Como vou fazê-lo entender essa área gourmet?". Então, ele pediu ao filho que trabalha com ele, Rafael, para fazer uma maquete. Comprou placas de isopor, ensinou a ele como se faz a escala. A maquete, muito simples, foi pensada para que José a tocasse, sentindo onde seria a rampa de acesso, a escadinha, a área gourmet, a piscina e o canil (porque eles têm vários cachorros).

No dia da apresentação, com eles já a postos para conhecer o projeto, meu amigo pediu ao Rafael que trouxesse a maquete. Começou a apresentação. Conforme ele fazia a exposição, a Cláudia ia guiando a mão do marido. E, enquanto fazia isso, ela chorava. Ele dizia: "Ah! É aqui que vai ficar a rampa? Aqui é o parapeito? Eu entendi tal coisa! Poxa, vai ficar muito legal!". Claro, ele não poderia ter noção de algumas coisas, como os armários, por exemplo, mas tinha uma boa ideia da volumetria dos móveis e dos espaços que foram planejados para ele.

Todos saíram emocionados da apresentação. Dias depois, o casal voltou com toda a família para rever o projeto. Fizeram a cozinha com o meu amigo.

Esse atendimento sensível foi uma prova de fogo para a equipe, pois trouxe muitas questões com as quais a gente não tem contato no dia a dia. José e Cláudia passaram ótimos momentos na loja e saíram sensibilizados pelo acolhimento do projetista. Isso gera um bem-estar e um laço afetivo que não tem preço. Mas não para por aí, porque essas pessoas contam o acontecido aos seus contatos e isso volta para o vendedor como um novo cliente na sua porta, pronto para ser desvendado.

É um ciclo! E esse ciclo, se for alimentado com o que temos de melhor, trará sempre ganhos a todos!

Outra história que me emociona é a do Expedito, que tem uma casa comercial simples. Ali ele vende uma cocada divina, de fabricação própria, além de pastel, água de coco e garapa. Num domingo nublado, de frio e vento, ele pensou se valeria a pena abrir, mas resolveu abrir assim mesmo, apostando que poderia ser um dia bom de vendas. No começo da manhã, chegou uma cliente com uma amiga e perguntou o preço do pastel. O preço era sete reais. Ela tinha cinco reais. Ele aceitou fazer por esse valor. Enquanto fritava o pastel no fundo da loja, pensando na situação, decidiu que faria diferente. Voltou para a mesa com dois pastéis e disse às duas que cobraria cinco reais por tudo. Naquele dia de clima tão frio, o Expedito não sabia o quanto venderia. Apenas teve sensibilidade e atendeu com paixão, requisito número um para qualquer negócio dar certo. Mas ao longo daquela manhã, ele vendeu muitos cocos, pastéis, cocadas e garapas. Eu cheguei à beira do seu balcão às 14 horas, quando ele me contou essa história.

O segredo do negócio é a paixão.

Nos dias seguintes, pensei muito nessas características especiais do Expedito. Ele está sempre animado, atento ao cliente. Entrega-se por inteiro a cada venda, lutando por ela até o final. Coloca o foco em conhecer os desejos e as necessidades de quem está à sua frente. Assim, vai fazer o melhor possível por ele, sem olhar suas vestimentas, sem preconceitos e prejulgamentos. O cliente percebe tudo isso. Muitos deles vão voltar justamente pelo atendimento excelente que ele realiza. Vão indicar seu nome.

A história seguinte parece piada, mas poderia ter outro desfecho. Um funcionário realmente preocupado com as necessidades do cliente iria transformá-la em mais um exemplo de atendimento espetacular. Uma senhora ligou para a empresa de internet, pois o serviço estava parado. O técnico foi bem didático.

— Senhora, olhe para aquele aparelhinho preto, que se chama modem. Viu ele?

— Vi, sim!

— Tem alguma luz acesa?

— Tem. A da sala!

É para rir, mas faz pensar. Em que pese toda a dedicação do rapaz do suporte, penso que ele deveria perguntar: "Tem alguma luz acesa no modem?". Sim, é preciso ser redundante. Afinal, seu cliente não precisa saber tudo o que você está pensando. Exatamente por isso ele procurou você. Há pessoas que ainda não se atualizaram com as novidades. Então, tenha paciência!

Conhecer o cliente

O mercado é frio para quem não está caprichando no aquecimento. E esse aquecimento, em vendas, significa estratégia. Um exemplo está nesta história sensacional que eu escutei esses dias. Um vendedor de móveis planejados estava atendendo uma cliente e reparou que ela usava no pescoço uma correntinha com um pingente de cachorro. Quando o projeto ficou pronto e ele o apresentou, percebeu que ela realmente gostava muito desse animal. Naquele momento, a venda não se concretizou, porque houve um problema

Sim,
é preciso ser
redundante.
Afinal, seu
cliente não
tem como
saber tudo.

na regularização da obra da casa. O processo acabou esfriando e a venda corria o risco de ser perdida. Quando isso aconteceu, ele percebeu que precisava de um pretexto para fazer de novo o contato: enviou a ela a foto de um cão olhando pela janela, como se esperasse a volta do dono! Ela respondeu na hora: "Ah! Que foto linda! Eu adoro cachorro!". Com o canal aberto outra vez, ele a chamou para retomarem o projeto. Foi muito esperto, criativo, conseguiu trazê-la para a loja novamente e finalizou a venda.

Essa história mostra como a estratégia se constrói ao longo de todo o atendimento. Sempre de maneira ética, o vendedor tem que prestar atenção em todas as informações que o cliente fornece, seja verbalmente, pelas vestimentas, acessórios, comportamento. Cada cliente tem suas paixões.

Não existe mercado parado. O que existe é vendedor parado. A prova disso é que numa mesma rua, algumas lojas do mesmo ramo fecham e outras continuam na ativa. Quem tem as melhores estratégias consegue sobreviver!

Cada caso é um caso e, nesse que acabei de relatar, o profissional se recusou a desistir. Ele concentrou toda sua energia para bolar uma estratégia e colocá-la em prática.

Eu sempre digo que não existe venda impossível: lute pela sua venda até o final!

A arte da venda tem suas sutilezas. É preciso sabedoria na hora de perceber qual é o momento certo do cliente. Sempre há sinais. Outro dia pensei nisso observando uma cena corriqueira. Na área de lazer onde faço caminhadas, perto da minha casa, eu sempre vejo um moço passando com algumas ferramentas de jardinagem enroladas numa sacolinha de pano embaixo do braço. Ele vem caminhando pelas ruas e em algumas casas ele para e toca a campainha. Em outras casas, passa reto. Quais são as casas onde ele para? São aquelas que têm mato que cresceu na calçada da frente. Ele cobra um dinheirinho para limpar, dependendo da quantidade de matinho. E o que eu aprendi com essa história? Nem todo mundo é seu cliente. Nas casas onde a calçada está limpa, ele não para. Nas que têm matinho, ele para e toca a campainha. Agora, vamos lembrar que alguém pode não ser seu cliente naquele momento específico, mas poderá ser em

A arte da venda tem suas sutilezas. É preciso sabedoria na hora de perceber qual é o momento certo do cliente.

breve. Afinal, o mato cresce, as necessidades mudam. Isso nada mais é do que prospectar.

Vender é um ato de observar continuamente.

As perguntas

Além de buscar os sinais, o vendedor tem a obrigação de dominar a arte de perguntar. Encarar um processo de vendas sem fazer perguntas é como entrar num quarto escuro para procurar algo: vai esbarrar em móveis, pisar em objetos, perder tempo sem nenhuma garantia de sucesso.

As perguntas pontuam toda a venda. Elas devem ser sempre simples, objetivas, pertinentes e educadas. Quando feitas de maneira genuína, ajudam a criar um clima de confiança, pois fazem transparecer que o objetivo maior do vendedor é satisfazer as necessidades e desejos do cliente. Ao ser perguntado, ele também se sente importante, percebe que é, de fato, a peça central da negociação.

Todo cliente quer ser ouvido, pois sabe que as informações que passar são fundamentais para que sua compra seja boa. Não significa fazer uma pergunta atrás da outra, falando sem parar. É necessário conversar de maneira calma, deixando o interlocutor completar sua fala. Conforme o diálogo se desenvolve, o vendedor vai chegando cada vez mais perto daquilo que o cliente busca. Dessa conversa também saem as informações sobre o que não é indicado. Uma vez que o cliente diz, por exemplo, "odeio roxo", não se oferece mais roxo! Parece óbvio demais para citar, mas vale sempre lembrar!

As perguntas devem ser feitas com cuidado e delicadeza, porque às vezes as necessidades dos clientes provêm de situações que para eles são constrangedoras, como uma doença ou alguma condição particular que os entristece, por exemplo. É preciso sensibilidade para saber até onde ir com as perguntas e para onde encaminhar a conversa no caso de o interlocutor ficar embaraçado.

As perguntas devem ser feitas com cuidado e delicadeza, porque às vezes as necessidades dos clientes provêm de situações que para eles são constrangedoras.

As perguntas abrem um leque de novas vendas, novos contatos, novos conhecimentos e novos clientes, atraídos pelo atendimento que é eficiente justamente porque é interessado e personalizado! É um hábito que nutre o dia a dia da profissão e que fica mais afinado a cada dia. Avalie como você está trabalhando a arte das perguntas.

As perguntas também são responsáveis pelo resgate daquela venda que esteve a ponto de ser perdida. Por exemplo: tudo parecia ir bem até a hora em que o cliente diz o bom e velho "obrigada, vou pensar um pouco e qualquer coisa eu volto". Se ele sair pela porta, a probabilidade de voltar é quase nenhuma. Nesse momento, lance mão das perguntas, a fim de fazer com que ele repense o cenário como um todo. Perguntas como "você viu o mesmo produto em outro local?", "algo do produto não agradou?", "eu poderia fazer algo que ajudasse na sua decisão de comprar com a gente?".

Lembrando a história que abre este capítulo, imagine se, na hora da revelação da vista dos apartamentos, o vendedor fosse honesto e interessado no que o cliente iria achar de estar tão próximo ao cemitério. Sim, as perguntas salvam!

Comunicação: a chave da venda

A boa comunicação determina o sucesso em quase todas as esferas da vida, dos relacionamentos à resolução de problemas burocráticos. No caso das vendas, não é diferente. Dominar eficientemente a comunicação é essencial para o bom desempenho do vendedor.

Por esse motivo, vale dedicar algumas linhas a explorar esse processo. São algumas dicas simples, mas que às vezes não recebem a atenção que merecem.

Fale bem

Fale de maneira calma, nem alto demais, nem baixo demais. Use palavras simples, pois não sabemos o grau de instrução do cliente. Falar "difícil" para impressionar pode atrapalhar mais do que ajudar, já que ele talvez não entenda o que você está dizendo ou talvez ache que está sendo arrogante. Por outro lado, é importante se atualizar sempre, fazendo leituras para melhorar sua própria comunicação, conhecer palavras novas, entender melhor o significado de cada uma delas e seus sinônimos.

Evite gírias e palavrões, a não ser que a empresa aceite e estimule esse hábito por uma questão de identificação com o público dela.

É preciso dominar 100% do vocabulário do nosso mercado de trabalho, ou seja, aquelas palavras que descrevem produtos, materiais, serviços, técnicas, procedimentos etc. Devemos estar prontos para explicar aos clientes aquilo que para a gente é coisa do dia a dia, mas para eles parece grego!

Escolha bem as palavras

O uso correto e adequado de palavras, nomes e expressões é uma ferramenta poderosa. Algumas dicas:

- O nome do cliente – Pergunte e memorize o nome do cliente logo no início do atendimento. Repita-o ao longo do processo, enfatizando a importância de sua presença na loja.
- Você – Assim como o nome, a palavra "você" valoriza a figura do cliente.
- Valor e preço – Use-as para contrastar o valor real que um produto tem para o cliente e o preço que a loja está pedindo pelo mesmo.

O uso correto e adequado de palavras, nomes e expressões é uma ferramenta poderosa.

- Investimento e economia – Faça o cliente ver que aquela compra é um investimento inteligente, e que, por esse motivo, irá gerar economia.
- Oportunidade – No mesmo sentido, deixe-o saber a verdadeira oportunidade que tem diante de si: "Esta é uma oportunidade muito boa para você realizar esse investimento".
- Visualize, imagine – Use para fazer o cliente criar a imagem mental dele com o produto. Por exemplo: "Imagine você chegando à praia com essa canga"; "Esses óculos escuros combinaram muito com você. Imagine como se sentirá confortável e elegante".
- Palavras e expressões positivas — Bonito, eficiente, feliz, saudável, resultado, espetáculo, sensacional, sucesso, segurança, especial, sob medida, exclusivo, conforto e garantia são palavras que trazem um cenário satisfatório para a imagem mental que o cliente começa a criar. Sinta, ouça, toque, cheire e veja são palavras que aproximam o cliente do produto, fazendo-o conhecer suas qualidades e, por conseguinte, seu real valor.

Claro que não para por aí. Há centenas de palavras e expressões poderosas para você conhecer e aprender a usar a fim de turbinar seu vocabulário de vendas. Construa um discurso matador!

Escute melhor

Escutar pouco e mal é uma doença do mundo moderno. Aquele ditado sobre termos dois ouvidos e apenas uma boca nunca foi tão atual. Ouvir é acessar a cabeça do interlocutor e, ali, receber o mapa para o seu coração! É quase tudo o que um vendedor precisa para ser bem-sucedido.

Claro que alguns clientes têm mais dificuldade para se expressar. Para esses casos, entram as perguntas que comentei anteriormente. Com elas, você estimula e ajuda o interlocutor a organizar o pensamento e dizer com mais precisão o que deseja. Além de aumentar as chances de fazer a venda, o esforço do vendedor raramente passa despercebido. Fica evidente que há um interesse verdadeiro em ajudar, compreender. Isso fideliza o cliente e trabalha positivamente a reputação do profissional, atraindo novos clientes.

Procure diminuir os ruídos

Na área da comunicação, ruídos são todos os elementos que atrapalham o processo e fazem com que a mensagem não tenha a eficácia pretendida. Pensando em uma situação de atendimento presencial, o que pode atrapalhar a comunicação? O barulho excessivo (como música alta demais, máquinas funcionando, sons de fora da loja) pode atrapalhar muito. Outro problema: falta de atenção de quem está falando ou escutando (por pura distração ou por estar fazendo mais de uma coisa ao mesmo tempo). Falta de treinamento para falar adequadamente com o cliente. Problemas na apresentação pessoal, escolha inadequada de roupas e acessórios e até mesmo intervenções estéticas que não tiveram o resultado esperado. Eu conheço pessoalmente uma vendedora que teve problemas com o botox. Ela resolveu fazer esse procedimento na área da sobrancelha, só que ficou com cara de brava e, acredite, houve interferência nas vendas. As pessoas que se aproximavam perguntavam por que ela estava brava. O cuidado na apresentação faz toda a diferença.

Há outros casos especiais. Por exemplo, há clientes que não enxergam ou não escutam bem. Outros têm problemas de locomoção ou de mobilidade, dificultando o acesso a determinados lugares, o que pode eventualmente dificultar uma apresentação. Tudo isso deve ser trabalhado durante o atendimento sensível que já mencionei. Com atenção, criatividade, boa vontade e paciência, todos os obstáculos podem ser superados!

Trabalhe bem os feedbacks

Isso vale para quem está dando e para quem está recebendo o feedback. Um retorno bem-feito, educado, objetivo, completo e sensível só traz benefícios para as relações, as empresas e seus processos. Na contramão, um retorno malfeito, mal-intencionado, grosseiro ou pouco objetivo melindra, magoa, causa ruídos, mais atrapalha do que ajuda.

Quem recebe o feedback precisa entender que eles são parte da vida saudável, quando interagimos com o todo. É sábio ouvir as dicas, opiniões e críticas de forma serena, procurando tirar o máximo proveito delas. Claro que nem sempre elas virão de

> *Um retorno bem-feito, educado, objetivo, completo e sensível só traz benefícios para as relações.*

forma gentil. Nesse caso, o importante é tentar manter a calma e aproveitar o que dá. Às vezes, a crítica malfeita nos cega e ensurdece e deixamos de perceber nelas coisas importantes para o nosso trabalho.

Use os meios adequadamente

Conhecer e dominar os meios de comunicação turbinam seu atendimento e sua relação com os clientes. Materiais impressos sobre um produto, por exemplo, ajudam na explicação durante um atendimento presencial e também podem ser levados para o cliente analisar em outro horário ou para mostrar aos familiares. Mídias sociais atualizam o público-alvo sobre produtos, novidades, promoções, e ainda são um importante canal para tirar dúvidas diversas, assim como os aplicativos de recados. Falando neles, é preciso ter bom senso ao usá-los. Se a frequência de mensagens não for conveniente para o cliente, ele simplesmente bloqueia o canal. Os meios também são uma importante ferramenta do pós-venda, para que o cliente tenha facilidade para esclarecer dúvidas, fazer uma reclamação, agendar os serviços previstos etc.

Sempre tenha atenção na hora de escolher o meio de comunicação mais adequado para sua interação com o cliente. Cada caso é um caso, cada momento pede uma estratégia diferente. Uma ligação para um cliente que fez uma reclamação pela rede social, por exemplo, demonstra que a empresa está atenta ao problema e vai fazer de tudo para solucioná-lo o mais rápido possível.

Internet e redes sociais

A empresa que tem uma página na internet precisa mantê-la atualizada. Dados como horário de funcionamento, endereço, telefones e e-mail, seus produtos ou serviços são o mínimo. Ninguém gosta de tentar contatos que não funcionam e muito menos se deslocar para o local errado ou na hora errada. Se houver um fechamento temporário e inesperado, também tem de ser informado.

Sempre que possível, a empresa deve alimentar a página com conteúdo que possa ser de interesse dos clientes, seja com informações sobre novidades e promoções, textos sobre tendências e atualidades relacionadas ao ramo etc.

Finalmente – e isto é muito importante – a empresa que abre um canal de comunicação tem de estar disponível para responder. O cliente que entra na sua rede social, envia uma mensagem no privado e não recebe resposta não fica nem um pouco satisfeito! As interações dos clientes na página devem ser encaradas da mesma forma como encaramos um cliente que chega na porta da loja física. É necessário perceber que a mídia social é uma extensão do nosso negócio. Se o cliente apertar a campainha da loja, por acaso você o ignora? Na internet é a mesma coisa!

Comunicação interna

É preciso manter a comunicação interna funcionando bem. Reuniões, comunicados, tudo o que possa ajudar a manter a equipe informada. Também é preciso que os membros da equipe comuniquem-se eficientemente e que as informações sobre a loja sejam acessíveis, para que os funcionários possam resolver os problemas de maneira rápida e fácil. A agilidade satisfaz a clientela!

Coincidências

Às vezes, eu me pego filosofando sobre os sinais que a vida manda para a gente. Digo isso não num sentido esotérico, mas pragmático mesmo. A rotina de um vendedor engloba muito mais que a venda em si. Olhar para o dia a dia de um modo menos mecânico e mais contemplativo pode impulsionar seu crescimento profissional.

Recentemente ocorreu algo muito curioso. Minha esposa ganhou um prêmio em um sorteio feito pelo Instagram. A moça que ofereceu o prêmio o trouxe até nossa casa. Ambas conversaram um pouco e minha esposa, percebendo que ela trabalhava com vendas, resolveu retribuir dando-lhe de presente meu livro *Nunca mais perca uma venda em hipótese nenhuma* (2018). A moça ficou surpresa. Contou que vira o livro em destaque em uma livraria e logo depois no Instagram. Decidiu ler um trecho disponível para degustação na internet. Já ia comprá-lo, mas logo depois ganhou o livro da minha esposa. Passados uns dias, nós nos encontramos em um estabelecimento na cidade, ela me reconheceu e veio comentar o quanto o livro estava ajudando-a em seus negócios.

Interpreto isso de uma maneira simples. Você dá mais atenção àquilo que o interessa. É como quando estamos apaixonados. Tudo o que a gente vê remete à profissão do ser amado, ao seu esporte preferido, ao tipo de roupas que usa, à turma que ele frequenta. No caso da minha nova leitora, aconteceu o mesmo. Ela percebeu que no meu livro poderia haver elementos para ajudar a impulsionar a sua carreira e, no mar de informações que há na internet, meu trabalho saltou aos olhos dela!

Isso é tão sabido que tem abordagem científica e aplicação prática. É o caso do neuromarketing, que estuda a aplicação dos conhecimentos da neurociência ao marketing. Essa seletividade é muito importante no universo das vendas. Para os consumidores, claro, mas também para os vendedores. E sabe por quê? É que percebemos esses sinais não porque "o universo está conspirando a nosso favor", mas porque estamos de fato tentando desenvolver habilidades e conhecimentos sobre as coisas, superar necessidades, nos preparar para os desafios, resolver problemas específicos.

Vejo muitos vendedores que têm toda a sua energia voltada para as vendas. Há gente que pode se dar bem sendo apenas empírico, aprendendo a acertar com a experiência do dia a dia. Mas essa não é a regra. Muitos precisam de mais cautela para entender quais pontos do seu trabalho têm que ser trabalhados com estudo e aquisição de conhecimento. E o primeiro passo é aprender a ler os sinais exteriores que seus resultados evidenciam e também ouvir suas demandas interiores. É preciso ter abertura de espírito, honestidade e coragem para ver o que realmente está certo e o que está errado. A partir daí, vamos questionar nossos objetivos, estudar para conhecer todas as faces do trabalho de um vendedor. E como o mundo está sempre evoluindo, os mais experientes também precisam se atualizar.

O vendedor excelente tem perfeitamente equilibrada essa relação entre a energia que impulsiona a venda e o conhecimento necessário para que tire o máximo proveito desse momento. Então, procure olhar a vida com atenção, tentando ler os sinais e fazendo deles aliados no seu caminho rumo ao sucesso.

Não deixe o momento mágico virar trágico!

> O vendedor excelente tem perfeitamente equilibrada essa relação entre a energia que impulsiona a venda e o conhecimento necessário para que tire o máximo proveito desse momento.

Algumas pessoas nascem com um feeling para atender. Isso é fato. Se, na sua vivência como vendedor, você percebe que os resultados não são satisfatórios, provavelmente precisa estudar mais sobre as técnicas de vendas e sobre o comportamento dos consumidores. Há muitos fatores envolvidos. Um deles é a maneira como abordamos o cliente.

Existe o instante mágico da venda, aquele em que o vendedor recebe o cliente. Costumo dizer que qualquer deslize nessa hora transforma o tal momento mágico em trágico. Essa parte do processo é óbvia. O vendedor precisa estar atento. Celulares, conversas, leituras, tudo isso tira seu foco e, por um motivo banal, você perde sua venda. Até uma inocente arrumação de expositores pode roubar sua atenção. Por isso, repito: estar em pronto atendimento significa que vai abrir a porta antes mesmo de a campainha tocar! Mas vamos considerar que você já seja consciente disso e esteja a postos para receber seu próximo cliente. Ele chega e fica alguns instantes olhando a vitrine. Nesse momento, observe. Ele está se imaginando com o produto, criando uma tela mental, fazendo a ligação entre seu desejo de compra e o que a loja tem a oferecer. É um encantamento. Não o quebre sendo afoito. Cuidado. Observe seus movimentos de cabeça. Se ele olhar para dentro da loja, como se estivesse buscando o vendedor ou parecer que vai embora, é hora de se aproximar com um belo sorriso no rosto. "Bom dia! Meu nome é André!" Pergunte o que ele está procurando. Consiga dele as informações de que precisa e ofereça opções, convide-o a entrar, conhecer modelos e marcas. Se o produto for um lançamento, não deixe de usar a palavra mágica: novidade! "Você está olhando para esta cafeteira, é uma novidade, lançamento da marca X, vamos entrar para ver de perto?" Uma vez dentro da loja, o cliente pode se interessar por outras coisas, conhecer itens que nem imaginava serem vendidos ali.

Se atenção de menos afugenta os compradores, atenção demais não lhes dá tempo para criar novas telas mentais, tão necessárias para iniciar de verdade uma venda. Vamos supor que um cliente acabou de entrar na loja. Receba-o, cumprimente, diga seu nome e pergunte se precisa de ajuda. Se ele for objetivo e disser logo de cara o que precisa, siga na mesma linha dele, mostre o que ele procura, novidades e eventuais ofertas, incite-o a tocar e a provar as peças. Um ótimo atendimento pode abrir espaço para venda de produtos complementares, novas indicações e fidelização.

Agora, outra situação. O cliente entrou, respondeu ao seu cumprimento, mas soltou o clássico "só estou olhando, obrigado". Um vendedor experiente (ou que tem feeling!) logo vai sacar que aquele consumidor precisa ser abordado no tempo certo. Esse comportamento é quase uma extensão do que acontece na frente da vitrine: ele está olhando os itens e criando as telas mentais. Não fique muito perto nem muito longe. Não o olhe fixamente (ele pode ficar incomodado e ir embora!), mas não o perca de vista. Não seja aquele vendedor que fala tanto que não deixa o cliente olhar os produtos. Observe. Retirar um item do mostruário, olhar em volta ou em sua direção são convites para uma aproximação. Sorria, pergunte se pode ajudar. Prossiga com o atendimento.

Nem tudo que reluz é ouro!

Quando eu falo em sentir o cliente, me refiro a entrar no mundo dele e não em procurar sinais externos de que a venda vai acontecer. E digo isso porque nem sempre os sinais mais evidentes, como vestimenta ou o carro que o cliente dirigiu até a loja, são garantias de alguma coisa.

Já contei algumas histórias sobre isso em meu primeiro livro. Tenho até uma teoria que aborda essa situação. É a minha teoria do "Frango em vendas". Ela fala de uma vendedora que menosprezou um senhor pelo carro que ele tinha, passou-o para a colega, mas ele era rico e fez uma compra de valor alto. E por que "Frango em vendas"? Porque para o frango ficar suculento há todo um processo. Do tempero ao frango assado e cheiroso, existe muito trabalho envolvido! Há vendedores que só acreditam na venda se o cliente parecer "no papo". Não querem ter tanto trabalho, principalmente se a venda não promete ser de valor alto!

Eu sou macaco velho e percebo essas situações muito rápido. Um dia fiz uma experiência meio marota. Estava numa grande loja de materiais de construção, precisando do auxílio dos vendedores, mas eles passavam para lá e para cá e nem olhavam para mim. Eu não conseguia sequer perguntar a localização dos produtos que procurava: fita isolante e espaçadores de piso. Fiquei um tempão à espera. Então, fui até a seção de torneiras e escolhi algumas das mais caras, daquelas linhas douradas. Acomodei tudo bonitinho no carrinho. Elas brilhavam tanto que logo acordaram um daqueles vendedores que antes mal notavam minha presença. A partir daí, ele grudou em mim e me auxiliou com os espaçadores e a fita isolante. Quando começamos a nos dirigir ao caixa, pedi licença, me afastei e simulei estar telefonando para minha esposa. Voltei ao carrinho dizendo que ela já tinha comprado as torneiras. Nem tudo o que reluz é ouro! Esse é o que eu chamo de "vendedor marcha lenta". Ele precisa de um sinal evidente de compra, ou seja, precisa ter quase certeza de que a venda vai acontecer.

Outra analogia que gosto muito para falar desses casos é a daquela pessoa que gosta de sentir a temperatura da água antes de entrar na piscina. É o pior que se pode fazer. O melhor é se jogar de corpo e alma no atendimento. Claro, sem imprudências! Não vamos sufocar o cliente.

Além disso, as experiências de pós-venda nos mostram que mesmo os clientes que já compraram conosco precisam ser constantemente agradados. Isso gera fidelização e atrai novos clientes graças ao boca a boca. Há alguns anos estive em João Pessoa para proferir palestras com um time de primeira linha. Chegando ao quarto do hotel Nord Luxxor, onde me hospedei, fui surpreendido por um bilhete de boas-vindas que dizia: "Olá, sr. André Zem! Esta é uma pequena forma que encontramos de demonstrar nosso carinho em ter você aqui! Seja bem-vindo!". Abaixo das frases estavam três fotos retiradas de meu perfil em uma rede social, contendo momentos maravilhosos vividos com meus maiores tesouros: minha esposa e nossas filhas. Ali, tão longe de casa, fiquei emocionado por encontrar aquelas carinhas queridas. Esse, senhoras e senhores, não foi um atendimento. Foi um espetáculo!

"Está caro!"

O "tá caro" é uma objeção clássica, antiga e tem que ser bem analisada. Está na boca do povo, acontece toda hora e faz parte do processo de negociação. O cliente quer pechinchar. Se o vendedor não for bem preparado, começa a dar desconto sem parar.

Caindo nesse erro, dá início a um processo no qual o preço do seu produto vai abaixando na mesma medida do valor real que ele tem.

Precisamos ter sempre em mente a diferença entre valor e preço.

Então, o que fazer quando o cliente disser que o produto está caro? Quais os motivos para ele dizer isso? Primeiro, ele não percebe o valor do produto ou do serviço. Depois, não existe diferencial em relação à concorrência, e isso é algo que a empresa deve fazer.

O vendedor precisa ter controle sobre suas emoções, para não perder de vista a verdade inquestionável de que venda é técnica. Você pode ter as dificuldades que tiver na vida. A partir do momento em que você aprende a técnica, chega a um novo patamar profissional.

Quando o cliente disser que está caro, o vendedor dispõe de uma estratégia que, na verdade, é um clássico de vendas. De forma tranquila, ele faz perguntas, a fim de desmontar essa argumentação, fazer o cliente repensar o processo em curso e conseguir enxergar o valor real do produto, que é diferente do preço. A primeira pergunta é: você viu esse mesmo produto com preço ou condições melhores em outro lugar?

Se ele responder clara e objetivamente, converse com ele sobre um desconto. Mas, na maioria das vezes, quando você pergunta para o cliente se ele viu o mesmo produto com preço melhor em outro lugar, ele não vai conseguir responder objetivamente, porque na verdade não viu. Não foi em três ou quatro lugares, não fez planilhas, não sabe se aquele valor é justo ou não. Só está querendo pechinchar e vai começar a enrolar e responder coisas como "ah, foi minha irmã que viu", "eu vi no ano passado" ou "na internet estava um preço menor". Nessa hora, o vendedor retoma as rédeas da venda e aquela força que ele foi perdendo devido ao medo de o cliente ir embora por realmente ter encontrado o produto mais barato em outro lugar. O que ele passa a fazer é mostrar o valor do artigo em questão: "Esta cafeteira faz café, chá, cappuccino. Ela é multibebidas! Não há outra igual no mercado!". Ou: "O diferencial desta camiseta vai além do que a gente está vendo. Ela é macia, confortável ao toque. A qualidade da costura e do tecido vai garantir uma durabilidade muito maior. Uma camiseta como esta não descostura, não faz bolinhas! É algodão-pima, peruano!". Ou seja, o vendedor cresce para cima do cliente com tudo o que ele sabe sobre o produto. Vai para cima com força. É quando o cliente começa a perceber o motivo de ser aquele o preço.

Em caso de mais objeções, o vendedor prossegue com as perguntas. Duas das mais importantes são: "O que eu posso fazer para nós fecharmos hoje esse negócio?"

e "Você tem alguma dúvida para que possamos pensar a melhor solução para o seu caso?".

O vendedor tem de estar preparado para desmontar a argumentação do "tá caro", mas sempre de forma tranquila.

Numa situação-limite, pode-se, na medida do possível, oferecer um produto similar que esteja mais em conta.

Outra dica: o ser humano age mediante o prazer de ganhar e também por muito medo de perder. E como isso é verdadeiro! Tanto que a gente sempre usa aquela famosa frase para o cliente que está em dúvida e vai "passar mais tarde": "Mas não demora, que essa é a última peça e está saindo bem!". Bingo!

> *O vendedor tem de estar preparado para desmontar a argumentação do "tá caro".*

Jeffrey Gitomer, em seu clássico *A bíblia de vendas* (2010), explica o motivo das objeções. Elas acontecem porque ainda existem dúvidas e nem todas as perguntas do cliente foram respondidas. Outro fator é que o cliente está interessado na compra, mas necessita de mais esclarecimentos, quer melhorar o negócio ou precisa da aprovação de outras pessoas. Outra possibilidade, bem mais direta, é que talvez ele não queira comprar.

Gitomer garante que haverá objeções se o vendedor não tiver claro o interesse do cliente nem seu papel (por exemplo, é ele quem dá a palavra final?); não tiver estabelecido necessidade, vínculo e credibilidade; não conhecer o ponto fraco do cliente; não tiver feito uma apresentação expressiva; não tiver antecipado as objeções durante a apresentação, antes que o cliente, ele mesmo, as formulasse.

Em qualquer circunstância, há procedimentos que agregam muito valor ao produto. Eles vão desde a oferta de brindes (produtos ou serviços) até a própria troca que o vendedor tem com o cliente. O que eu quero dizer é que a experiência de compra agrega valor! O cliente leva consigo a lembrança do atendimento excelente, do ambiente acolhedor e bem climatizado, de ter sido o centro das atenções do vendedor. A sensação de ter passado por momentos agradáveis fica gravada na cabeça do comprador, algumas vezes mais do que aquilo que ele comprou.

Há outro ponto muito importante quando se fala em agregar valor ao produto. Em meu livro *Nunca mais perca uma venda em hipótese nenhuma* (2018) há um capítulo todo dedicado a isso. Trata-se do pós-venda. Em alguns ramos, como no dos carros, ele é bastante comum. Em outros, nem tanto; e os clientes encontram muita dificuldade em esclarecer dúvidas simples ou até resolver problemas complexos. Há alguns anos, acompanhei o caso de uma moça grávida que comprou uma cama para o quarto do bebê. Quando a cama chegou, tinha um cheiro muito forte, que incomodou até o marido. Algumas madeiras têm mesmo um cheiro muito desagradável. Os contatos com a loja não prosperavam. A cama ficou no meio da sala durante dias, o cheiro invadindo tudo, até que num dos telefonemas a moça caiu no choro e a gerente finalmente resolveu recolher a cama e devolver o dinheiro. A família toda nunca mais colocou o pé naquele estabelecimento. Era algo simples de resolver, que virou uma tortura para uma gestante. São problemas que ocorrem nas empresas que não têm o pós-venda claro. Infelizmente, há muitos casos como esse e até piores. Produtos com defeito, atrasos na entrega...

Um pós-venda bem-feito é o responsável por grande parte da fidelização da clientela, e não apenas por solucionar com rapidez e eficiência os problemas. Estar bem informado sobre os clientes, enviar cumprimentos pelo aniversário, avisar sobre produtos adequados para seu perfil, sobre promoções, gratificar os clientes com artigos de valor compatível com a compra realizada – tudo isso faz parte do processo. E agrega valor!

Criatividade que vende

É verdade que o mercado é competitivo e que às vezes o consumidor nos olha como se fôssemos todos iguais. Motivo para desanimar? Não! Muito pelo contrário! É com essa consciência que saímos do lugar-comum e oferecemos ao cliente aquilo que nossos concorrentes não têm! Algo que os atraia para nós, como o cheiro de bacon na porta da hamburgueria ou o balão que os vendedores oferecem às crianças nas portas das lojas dos corredores comerciais ou, ainda, o interior da loja fresco e convidativo num dia de sol escaldante. Esse marketing que atrai e fideliza o cliente é uma das estratégias mais importantes que usamos para vender mais. Para isso, precisamos dar espaço para a criatividade, causar surpresa, arrancar risos, trazer bem-estar!

Outro dia, eu estava numa churrascaria quando o rapaz do carrinho de doces veio falando:

— Alguém quer o pudim da Nasa?

Fiquei intrigado. Nossa, pudim da Nasa! O que terá de especial? Aí, ele me explicou:

— É feito com carinho pela Nazaré, a nossa cozinheira!

Pensei que é assim que se chama a atenção para um produto, como ensina a famosa sigla AIDA: atenção, interesse, desejo, ação.

Um dos meus livros preferidos é *A estratégia do oceano azul: como criar novos mercados e tornar a concorrência irrelevante* (2019), de W. Chan Kim e Renée Mauborgne. Com milhões de exemplares vendidos em todo o mundo, é uma lição para qualquer vendedor. Em minhas palestras, eu contextualizo esse livro e depois levo os seus ensinamentos para a prática. Ele conta como podemos sair do mar vermelho, um lugar onde a concorrência é sangrenta, a briga é de foice, para entrar num oceano azul, que indica novos espaços menos competitivos e mais lucrativos. E o que nos leva de um lugar ao outro é uma oferta inovadora, ou seja, um produto, um serviço (ou a combinação deles) que ainda não existe. O exemplo clássico, citado no livro, é o do famoso Cirque du Soleil, que reinventou uma arte que parecia morta (o circo) e hoje é esse sucesso que todos conhecemos.

Em qualquer ramo de atividade é possível criar um diferencial. Em meu primeiro livro, citei o exemplo do pipoqueiro Valdir Novaki, de Curitiba, que se tornou um empresário de sucesso ao investir num atendimento totalmente inovador num trabalho que, a princípio, não parece ter muito mais a ser explorado, como é o de pipoqueiro. Fez um curso de manipulação de alimentos e aplicou esses conhecimentos no carrinho, incluindo o uniforme branco, trocado diariamente, e passou a entregar aos clientes, além da pipoca, um guardanapo, fio dental e uma bala de hortelã.

Recentemente, outro caso que me chamou bastante a atenção foi o do brasileiro Caio Giachetti. Ele viaja de país em país, morando um pouco em cada lugar, ganhando a vida como mágico. Numa época de aperto financeiro, ele teve um insight de como fazer mais dinheiro. Comprou uma caixa de ferramentas, dessas de quem faz manutenção. Dentro dela, em vez de chave de fenda, martelo e alicate, ele colocou brigadeiros e passou a apresentar-se aos possíveis clientes de forma inusitada: "Sou da oficina do brigadeiro. Vim para consertar o seu dia". A estratégia viralizou e foi copiada mundo afora. O negócio cresceu. Ele conta com a parceria da esposa, a fotógrafa Carolina Dias, e criou um curso em que ensina "empreendedorismo nômade", ou, em outras palavras, como ganhar dinheiro enquanto viaja pelo mundo.

Em sua página na internet (caionomundo.com.br), ele se define como empreendedor, mágico, influenciador, palestrante, professor de criatividade, nômade.

Você pode ser professor, bailarino, lixeiro, médico. Só terá sucesso se for também um bom vendedor. Se não conhecer a arte da venda, talvez nunca tenha sequer a chance de trabalhar na área à qual dedicou tantos anos de preparação. Por isso é que dizem que no mundo há apenas uma profissão: vendedor!

Outra história ótima. Você sabe que eu sou um vendedor 24 horas por dia. Sou um apaixonado. Não paro de pensar em vendas e estou sempre com olhos de tigre para as histórias que o dia a dia me traz. Em novembro de 2023, fui com a minha família aproveitar alguns dias no Guarujá, depois de um longo tempo sem esse merecido descanso. Mas eu estou sempre atento, porque praia é um lugar mágico para observar os vendedores, suas estratégias de vendas e os seus bordões. Eu fico hipnotizado de vê-los! E foi lá que conheci o Eliel, que todos conhecem como Oi! E sabe por quê? O bordão dele de vendas é: "Oi, alguém me chamou... chamou... chamou?". Enquanto se movimenta entre os guarda-sóis, ele vai dizendo isso e emendando um "Eu vou embora hoje, hein?", criando aquele clima de "pegar ou largar". Com sua criatividade e seu carisma, elaborou esse personagem fortíssimo, o Oi. Uma coisa tão simples e que o tornou tão popular. Sempre repito essa ideia que é um clássico: "O que mais se vende é o que mais se oferece". Então, quando for criar sua estratégia de vendas, lembre-se de investir um tempo criando sua abordagem. Observe a reação das pessoas e vá centralizando nas fórmulas que fazem mais sucesso! Claro que eu comprei um tapete e também o presenteei com meu livro *Nunca mais perca uma venda em hipótese nenhuma* (2018)! Ele merece!

Muitas vezes, o diferencial está em coisas miúdas, ou em um único elemento que faz toda a diferença num negócio já supermanjado, como uma caixa de ferramentas que, na verdade, é um mostruário de doces. Deixar de prestar atenção nessas possibilidades é uma pena. Paulo Coelho foi bem feliz quando criou esta frase: "Todos nós nos preparamos para matar dragões e terminamos sendo devorados pelas formigas dos detalhes, às quais nunca prestamos atenção". É isso! Parece que a gente enxerga o conjunto, mas não vê que aquela pequena coisa está minando nosso negócio. "Detalhes tão pequenos", já disse o Roberto Carlos na canção "Detalhes", "São coisas muito grandes pra esquecer".

Agarre o touro à unha!

Sempre estou trocando experiências com os vendedores, não apenas os da minha empresa, mas também aqueles das empresas que visito e, claro, das empresas para as quais dou consultoria e treinamento. Eles sempre têm ótimas histórias e conselhos.

Um que me inspirou muito foi o Luiz Henrique Alcover Saldanha (que todos chamam de Ricky), vendedor de uma concessionária de veículos da minha cidade. Ele me falou que seu pai, Luiz Carlos de Oliveira Saldanha (já falecido), tinha algumas frases que usava quando queria colocar o filho "pra cima". Vendedor tem dessas coisas, né? Em uns dias, está em alta. Em outros, em baixa. Uma das frases é bem conhecida: "O que não tem solução, solucionado está", que é outra versão do bom e velho ditado: "O que não tem remédio, remediado está". Outro ensinamento que ele deixou, muito importante, eu quero desenvolver um pouco mais: "Ao trabalho nada resiste".

Quando o filho chegava triste, o pai falava: "Filho, ao trabalho nada resiste". Era como dizer: "Continue, não pode deixar de trabalhar, tem que focar no que é certo e tudo vai ficar bem". Veja como é bem verídico. Se a pessoa quer prosperar, quer se dar bem na vida, tem que trabalhar. A primeira coisa é ter essa vontade. De onde nasce o empreendedorismo? Da necessidade. Eu, André, não tive escolha. Ou eu trabalhava ou eu não comia. Tinha que ter força mesmo. É preciso ter resiliência.

Quem é o melhor profissional de vendas?
Aquele que resiste a tudo e volta bem,
para atender o próximo cliente
o mais rápido possível.

Essa garra a gente tem que ter até quando tudo parece perdido. Eu me lembro de uma situação pela qual passei quando era gerente-geral em Jundiaí. A loja era realmente grande, com dois mil metros quadrados de área. Nós tínhamos nossa meta para bater. Um dia, nós não conseguimos. Era um sábado que caiu justo no final do mês. Mas o que faltava para chegar na cota era muito pouco. Vendendo um sofá e um aparador, conseguiríamos atingir o objetivo. Os funcionários, desanimados, começaram a se preparar para o fechamento, que era às 17 horas. O subgerente deu o sinal para fechar os portões, que realmente foram fechados. Mas quando eu vi aquilo, falei: "Não, não! Vamos abrir esses portões! Vamos ficar aqui até às 18 horas. Nós vamos bater essa meta, falta muito pouco! Vai entrar alguém aqui!". E eles abriram os portões. Lá tinha um estacionamento para quase 30 carros. Estava vazio. Ficamos ali. Não demorou e chegou um carro, dirigido por uma mulher toda chique. Ela entrou na loja e eu fui pessoalmente atendê-la, mesmo sendo o gerente. Contei-lhe a história. E disse: "Hoje você vai fazer a melhor compra da sua vida. Vou lhe dar o máximo de desconto e também iremos dividir em dez vezes. Eu farei o melhor que puder para você". Ela começou a olhar, foi olhando e, no final, comprou uma sala de jantar de dez cadeiras estofadas, uma mesa linda, coisa que hoje deve valer seguramente uns 50 mil reais. Levou também um sofá. Passou 20 mil reais da cota. Pagou e saiu feliz da vida. O que a gente pode tirar dessa história? Eu não tive preguiça de abrir a loja de novo. Tem horas que o vendedor tem que ter essa força e acreditar, mesmo que pareça que não vai dar certo.

O mesmo acontece quando o cliente vai dando sinais de que não vai comprar. Não aceitar a "não venda" não significa que você vai pegar seu cliente no laço e ser insistente demais. Grudar nele? Nada disso! Não aceitar significa que você não deve cair naquele papo de que tudo está mal, de que as coisas estão difíceis, que a economia não anda. Não jogue a toalha antes da hora! Tem que ter garra! "Ao trabalho nada resiste"!

O que o cliente quer de nós?

O cliente deseja que nós saibamos tudo sobre aquilo que vendemos. Para isso, precisamos estudar verdadeiramente tanto os produtos quanto o mercado em que atuamos. Devemos estar aptos a fazer comparações entre modelos e marcas, saber os prós e contras de cada um deles. Quando não damos ao cliente toda a informação de que ele necessita, estamos trabalhando para a concorrência, porque ele vai perguntar e, se você não souber, vai procurar por si só! Se você desconhecer a resposta, seja sincero, assuma que não sabe, mas garanta que vai procurar saber e faça isso o mais rápido possível.

O cliente deseja que conheçamos suas expectativas e necessidades. Para isso, precisamos estudar a clientela também. E perscrutá-la, ser sensível às emoções, ânimo e ao tempo para a tomada de decisão.

O cliente quer pontualidade, organização, comodidade e respeito aos prazos de entrega. Quando ele voltar à loja ou fizer um contato por e-mail, telefone ou mensagens, ele quer que o vendedor lembre-se dele e dos detalhes do negócio.

O cliente quer educação, delicadeza e paciência. Quando falo disso, me vem à mente o filme *A máfia volta ao divã*, no qual o personagem interpretado por Robert De Niro precisa abandonar a vida de mafioso e procurar um emprego normal. Só que, preso às velhas práticas, aposta na mais profunda estupidez! Encarna tudo o que um profissional não deve ser. Não tem um mínimo de paciência, não aceita que o cliente precisa pensar e acaba entrando em conflito com ele. Este profissional não vende nem um frango para quem está com fome!

Muitas vezes, o cliente quer mais é experimentar algo diferente daquilo que está sempre acontecendo e sendo disponibilizado no comércio. Então, cabe aos vendedores se perguntarem o que os torna diferentes em relação à concorrência e ao mercado como um todo, pois tudo é muito parecido. É importante que conheçam seus pontos fortes, que devem ser exaltados na apresentação, na argumentação, no momento-chave do fechamento do negócio. Isso, como sempre tenho dito, implica muito estudo e comprometimento. Só assim vamos ter domínio das informações necessárias para ter uma visão de conjunto e saber exatamente o que nos torna especiais.

Sobre o diferencial, existe uma frase que, por ser muito verdadeira, eu adotei como meu grande lema de vendas. O mercado, como eu disse, é todo muito parecido: a qualidade, o preço... Quem vai vencer? Vai vencer quem usa o coração, quem usa a emoção, quem é fantástico, quem surpreende, quem eleva as expectativas, quem comove, quem dá um show para o mercado! O cliente quer ser maravilhosamente bem atendido. Não dá para tirar da cabeça aquilo que não sai do coração. Está cheio de gente vendendo à mente do consumidor, e não ao coração. Vence e vende quem chega ao coração do cliente. Faça o cliente

O cliente quer ser maravilhosamente bem atendido. Não dá para tirar da cabeça aquilo que não sai do coração.

amar o que você vende. A paixão que você demonstra é o que importa. Cliente apaixonado é fiel!

Quando alguma coisa não der certo, o consumidor quer ouvir aquilo que o conforta. Por exemplo: "Sinto muito pela espera"; "Eu vou me informar melhor para não lhe fornecer um dado errado"; "Sei que está chateado com a situação, mas nós iremos resolver tudo"; "Vamos conversar para garantir que estamos falando a mesma língua". Ditas com calma e sinceridade, essas frases resgatam uma venda que parecia estar saindo do controle.

Claro que há situações em que o cliente, por alguma razão que não conhecemos e não temos como contornar, está disposto apenas a criar caso. Acontece e nós não fazemos milagres. Não dá para agradar a todos. Estive pensando exatamente nisso outro dia. Há uma feira que ocorre aos sábados na minha cidade. Nela tem uma barraca de pastel. Paro lá para comer e tomar um guaraná. Numa das vezes em que estava no local comendo, a moça me contou que na semana anterior um cliente reclamou que o pastel estava cru. O pastel era de carne e a carne já vem cozida. E eu conheço o pastel, é sequinho, excelente. Então, ela perguntou a ele se queria o pastel mais torradinho. Ele respondeu que ela deveria ter mais atenção com o consumidor. Claro que ficou chateada. Mas é isso: tem gente que reclama de tudo. É o tipo da pessoa que se queixa se está sol, se está chovendo, se está nublado...

Para combinar com o caso do pastel, tem também a história da garapa muito doce, que vai mais ou menos no mesmo sentido. Essa é famosa. Um cliente fez uma avaliação negativa de um estabelecimento, dizendo que o caldo de cana era muito doce. A resposta do dono viralizou nas redes sociais: "A cana é o que faz o açúcar. Caldo de cana é açúcar puro. Agora você vir colocar três estrelas no estabelecimento por motivo do caldo de cana ser muito doce, você está de brincadeira. Tem que reclamar com Deus que fez a cana desse jeito". Quer dizer, não dá mesmo para agradar todo mundo!

De pensar morreu o burro

Um dos fatores determinantes do sucesso de uma venda é o timing. Tudo na vida tem tempo e ritmo certos, e nas vendas não é diferente. O processo pode ir caminhando às mil maravilhas e o vendedor estar com aquela sensação de ter "a faca e o queijo na mão". Mas, se o timing não for adequado, tudo vai por água abaixo, às vezes de maneira abrupta e inacreditável. Depois disso, não adianta lamentar. O importante é estar sempre atento.

Muitos elementos podem influenciar a perda do timing. Estive analisando isso em duas situações particulares que testemunhei no prazo de um mês, aproximadamente, envolvendo a negociação de dois carros da minha família. A primeira aconteceu em uma concessionária. A segunda, em uma loja multimarcas.

Estive na concessionária para trocar o carro da minha esposa — um Honda Fit EX, preto, pouco rodado, muito conservado — por um zero quilômetro. Era uma manhã de sábado. Fomos maravilhosamente bem atendidos. Adoramos o carro. O vendedor me orientou na utilização do sistema de avaliação do automóvel de minha esposa para sabermos quanto ele valeria na troca e quanto eu teria que colocar a mais. Nessa rede de concessionárias, a avaliação é realizada digitalmente pelo próprio cliente, que fotografa seu carro e envia as imagens e informações de forma *online* para a empresa. O carro entra no sistema como um carro à venda e fica visível pelas demais lojas do grupo. Seguindo as instruções, fiz e enviei a avaliação já no sábado. Eu tinha minhas expectativas: fechar o negócio já na segunda-feira e receber uma oferta de 63.500 reais pelo Fit e uma volta de, no máximo, 60 mil reais pelo carro novo (inclusive, no sábado, fui muito enfático sobre isso com o vendedor). E, claro, esperava que a proposta sobre o valor do Fit fosse feita logo. Mas não foi isso que aconteceu.

Passamos a segunda-feira à espera do valor da avaliação para prosseguirmos. Nada. Na terça-feira, por volta da hora do almoço, minha esposa me mandou um áudio questionando a demora. Entrei em contato com ele, mas o gerente dele ainda não tinha uma resposta sobre o quanto pagariam pelo Fit. Nessas horas de espera, acabei indo visitar a concorrência: fui a três concessionárias — Nissan, Honda e Volkswagen — e, nas três, esperei por pouco mais de meia hora pela resposta sobre a avaliação, sobre a qual conversamos e chegamos ao valor de 63.500 reais.

A resposta sobre a avaliação chegou apenas na quarta-feira cedo, e a essa altura eu já tinha vendido o carro por 67 mil reais a um conhecido nosso e comprado um Volkswagen T-Cross 1.0 TSI de uma das três concorrentes que visitamos durante a espera.

O que me chamou muito a atenção nesse caso foi que o vendedor da primeira concessionária prestou um atendimento perfeito, mas estava amarrado à estrutura da empresa, já que o gerente demorou tempo demais para informar o valor da avaliação. Como profissional da área e como cliente, fiquei duplamente chateado por testemunhar a frustração daquele funcionário, que viu sua venda desmanchar sem poder fazer nada. Em determinado momento, no final da tarde de terça, ele chegou a dizer: "É, André, você sabe que a corda sempre arrebenta do lado mais fraco". Naquela hora, ele já tinha perdido a confiança no sucesso do negócio. Para mim, o que ficou é que de nada adianta o vendedor ser bom se a empresa tem uma estrutura arcaica, onde os departamentos não se encaixam perfeitamente, de modo a girar as engrenagens com rapidez e eficiência, para um resultado melhor.

O segundo caso aconteceu dias depois, numa loja multimarcas, onde fui negociar o carro de meu sogro, um WRV ELX 2018 preto, com 24 mil quilômetros, por um Jeep Compass Longitude branco.

Quando chegamos ao local, eu tinha a expectativa de conseguir pelo menos 83 mil reais no WRV, porque o carro estava em excelentes condições, estava novo, perfeito. Mas, para minha surpresa, o dono do estabelecimento ofereceu apenas 80 mil reais. Tentei conseguir mais três mil reais, mas ele foi irredutível. Por esse valor, não pude fechar negócio e continuei procurando um Compass igual em outras lojas. Encontrei um pelo mesmo valor de venda, iniciei as negociações e consegui 83 mil reais pelo WRV. No entanto, acabamos não concretizando esse último negócio, pois a boa impressão que tivemos na concessionária onde compramos o T-Cross da minha esposa falou mais alto: acabamos voltando lá para comprar o mesmo modelo.

Estou contando essa história porque, dois dias depois, fui procurado pelo dono da loja multimarcas. Ele tinha mudado de ideia e estava disposto a pagar os 83 mil reais pelo carro. Infelizmente, já tinha iniciado a compra do T-Cross. Ou seja, por um lucro nem tão grande assim, ele perdeu um bom negócio.

Temos que procurar lucrar, sim, mas tudo tem um limite. Não teria sido melhor ele lucrar menos e garantir o negócio? A expressão "de pensar morreu o burro" fala justamente sobre a indecisão, neste caso, gerada pela ganância. Pensem nesses dois casos que contei. Aprendam e não esqueçam: hoje em dia há muita opção no mercado, muitos estabelecimentos e muitas pessoas dispostas a não perder sua venda em hipótese nenhuma!

Dicas de vendas para as datas especiais

Os dias que precedem natal, dia das mães, dia dos pais, carnaval e dia dos namorados estão entre as melhores oportunidades para os negócios. As ruas e os estabelecimentos comerciais ficam cheios. Os profissionais do comércio varejista sabem que não podem sucumbir à confusão causada pelo mundo de pessoas que entra e sai das lojas. Vender nos períodos que antecedem grandes festividades tem seus macetes. Vamos a eles!

Quanto mais você atende, mais você vende, mais você rende! O principal desafio dos vendedores nesses períodos é a quantidade de pessoas à espera de atendimento nos estabelecimentos comerciais. Aí vai a primeira dica: atenda várias pessoas ao mesmo tempo. Sabe por quê? Porque o cliente que não é notado acaba indo embora. Se você demonstrar que já sabe que ele está ali e que será logo atendido, ele fica. Mesmo que já esteja com outros atendimentos em curso, olhe para o recém-chegado, sorria, cumprimente e pergunte como pode ajudá-lo. Eu dou a isso o nome de "perceber o cliente". É o início do atendimento, momento determinante para o cliente gostar do vendedor.

Se você gosta de trabalhar dando exclusividade, saiba que atendendo menos pessoas você fará menos dinheiro. Atender vários clientes ao mesmo tempo é possível e pode ser vantajoso para todos. Mas é necessário estar atento e calmo, para não se desesperar e confundir pedidos ou transparecer nervosismo. Somente faça esse tipo de atendimento se der conta do recado. Há sinais de que você não funciona bem como vendedor multitarefa: clientes insatisfeitos, produtos errados ou trocados, demora para voltar a um dos clientes. Saiba seu limite. O vendedor precisa ter boa memória, conhecer muito bem os produtos, saber o que está em estoque para não perder tempo atrás de respostas.

Faça uma sequência mental dos clientes: depois da senhora vem a moça e depois o rapaz de barba. Siga fazendo o rodízio, lembrando-se qual é a etapa de cada atendimento (ver se serviu o sapato na senhora, se a moça gostou das cores, dirigir o rapaz ao caixa). Cada cliente deve ter atenção e ser atendido com simpatia. Não deixe que a correria estrague a qualidade do trabalho. Sorria, pergunte, "forre a loja" para ele. Mostre todas as opções. Faça-o amar o que você vende! Antes de fechar a conta, revise o pedido com o comprador, conferindo itens e verificando se nada foi esquecido. Quando o movimento diminuir, a arrumação é uma boa oportunidade para avaliar a disponibilidade de produtos.

Se esquecer o que o cliente pediu, não tenha vergonha de abrir o jogo. Não tente improvisar nem demore muito. Peça desculpas com calma e educação, sem se prolongar, e traga o pedido correto o quanto antes. A maioria das pessoas percebe esse esforço, mas ninguém está livre de um comprador mal-humorado ou impaciente. Nesses casos, é importante manter a calma e o foco, sendo o mais objetivo possível.

Prepare-se, porque esses dias são mesmo uma maratona. Cuide-se. Alimente-se bem. Descanse e distraia-se nas escassas horas de folga. A loja fecha, mas o trabalho está longe de terminar. Procure manter pensamentos positivos e trabalhe sua autoestima.

Se você é meu leitor antigo, já percebeu que para vender mais nesses períodos a regra é aplicar as mesmas dicas que sempre dou, só que com mais agilidade. São épocas cansativas, mas podem trazer muita alegria! Como diz o ditado, se o cavalo passa arreado, é melhor montar! Boas vendas!

Eu ainda acredito em loja física!

A internet é um senhor concorrente. Nunca dorme. Na casa da clientela, entra pela porta da frente e senta-se na poltrona do chefe da família. Oferece tudo a preços variados. Um paraíso para quem gosta de fuçar produtos. É por essas e por outras um desafio a ser superado para quem tem loja física. Mas será que na ponta do lápis é sempre mais vantajosa? Vejamos.

Há o frete, que muitas vezes faz o negócio não valer a pena. Há a questão da credibilidade, pois a internet ainda gera muita insegurança. O produto pode não ser exatamente como aparece no site ou não servir, ou vir danificado, ou errado. Claro, é possível fazer trocas e devoluções, mas geralmente são mais trabalhosas do que as trocas operadas em lojas físicas.

É muito prático comprar pelo computador. Depois de uma boa pesquisa, o cliente compra todo feliz e aguarda ansioso a chegada do produto em casa, certo de ter poupado um bom dinheiro. Muitas vezes, isso acontece. Em outras, estamos nos equivocando. Tenho uma amiga que, por dois anos seguidos, comprou itens de festa infantil em sites de estabelecimentos da Rua 25 de Março, de São Paulo. No terceiro ano, ficou com a pulga atrás da orelha e foi comparar aqueles preços com os de uma loja da cidade dela. A diferença era de mais de 100 reais! Compensava mais comprar na loja física.

Agora eu quero falar diretamente aos empresários e vendedores que lutam todos os dias para manter as lojas físicas em atividade. É importante ser competitivo em relação aos preços, aos produtos, aos prazos. Acreditar no que vende e ter todas as informações necessárias. Mas a principal vantagem que seu estabelecimento tem sobre a internet é a possibilidade de criar conexões emocionais com os clientes. Olho no olho é algo que não acontece *on-line*. Eu ainda acredito muito nesse tipo de negócio, no poder da empatia, pois o cliente percebe quando o vendedor gosta do que faz.

Uma boa conversa pode evidenciar um momento, um desejo ou uma necessidade especial do seu cliente. Mais um motivo para servir o velho e bom cafezinho e dar mais tempo para criar conexões. Claro que nem sempre é no diálogo que esses elementos são percebidos. Às vezes, eles estão nos gestos, olhares, postura, expressões faciais. Por isso, tente olhar seus clientes com toda a atenção. Com certeza vai encontrar as chaves para percebê-los como nenhum assistente virtual ou algoritmo é capaz de fazer.

Outra tendência forte no varejo me faz manter minha crença na potencialidade da loja física. Diz respeito à inserção social das lojas nas comunidades em que estão. Ações de marketing que tragam as pessoas para dentro da loja acabam convidando esse público a conhecer melhor o seu negócio. Como assim? Uma exposição de quadros de um artista do bairro, por exemplo, integra sua loja com a essência do lugar, gera conexão entre as pessoas (delas entre si e delas com o seu comércio). Uma loja de artigos esportivos pode promover palestras sobre as diversas modalidades, levando os convidados a conhecer os produtos mais apropriados. Um empório que venda vinhos pode oferecer um curso sobre os diversos tipos dessa bebida. Minha loja de móveis planejados pode convidar um decorador para dar pequenos toques sobre decoração. As possibilidades são muitas e trazem um tipo de experiência que só é possível viver pessoalmente.

O aumento gradual de um público que busca consumir artigos de produtores locais também é um fator que privilegia a loja física.

Além de tudo isso, os anos de pandemia e a impossibilidade de sair de casa para ir às lojas, ou mesmo "bater perna" em frente a vitrines, criaram um certo desejo reprimido pela loja física e que agora está liberado. É o que mostrou o relatório divulgado pela consultoria NielsenIQ Ebit em fevereiro de 2023, ao registrar uma desaceleração do e-commerce. Esse movimento ocorreu paralelamente à volta do comércio varejista tradicional. É um momento especial e precisamos mais do que nunca estar em constante atualização e atentos aos sinais que o mercado dá!

Atualize-se!

Quem não conhece uma história assim? O funcionário começa muito cedo na empresa, aprende desde as funções mais simples até as mais complexas. Os anos passam e ele se torna quase um pilar da instituição. Parece que sem ele a "casa cai". Ele chega ao topo da carreira, galgando os postos, um a um, e quando está na melhor fase, vem o baque da demissão. A palavra que assombra o mercado de trabalho: demissão. Aquele colaborador de tantos anos, que parecia imprescindível, se tornou obsoleto.

Precisamos falar sobre atualização.

Conheço muitos excelentes profissionais que dão tudo de si até chegarem aos cargos de chefia. Eles vendem com avidez, são leões, aprendem e ensinam no dia a dia, colhendo os frutos desse trabalho. Esses frutos vêm na forma de ótimos resultados em vendas, reconhecimento dos líderes, respeito e admiração dos colegas. Assim ele vai crescendo na empresa. Com muitas dessas pessoas, infelizmente, não combina a imagem da atualização. Isso é péssimo e precisa ser revisto. Nas visitas que realizo, no meu trabalho de assessoria às empresas, acontece muitas vezes de ver um colaborador fazendo alguma atividade de reciclagem ou treinamento com cara de quem está "indo para a forca". Aí você pergunta à pessoa: "Por que você está fazendo este treinamento (ou curso etc.)", e a resposta invariavelmente é: "Porque o chefe mandou!".

Alguns vão conseguir crescer na carreira pensando assim, mas, mais cedo ou mais tarde, serão engolidos por um sistema no qual quem mais se dedica tem mais sucesso. Conheço o caso do diretor financeiro de uma grande agência de publicidade. Cresceu com muito esforço, passou por todos os departamentos, conhecia como ninguém a empresa, achava que não precisava de atualização. Os colegas faziam cursos, estudavam inglês, liam livros. Ele apostava apenas no empirismo e no trabalho duro. Um dia veio a fusão com uma gigante multinacional. Ele não estava preparado. Foi demitido.

O líder que conquista o cargo e não se prepara acaba caindo. Muitos só se dão conta da necessidade urgente de se atualizar quando já é tarde demais. E esse "tarde demais" pode nem ser a demissão rápida, mas o início de um período estressante, o da liderança despreparada, com trabalho dobrado, sem mais nenhum tempo para estudar. Uma empresa não vai esperar você se preparar depois da promoção. Ela quer resultados. As funções de líder tomam muito mais tempo e provavelmente não haverá oportunidade de recuperar as oportunidades que não foram aproveitadas em anos e anos de carreira. Então, não espere a promoção para se preparar, se atualizar com leituras e conhecer mais sobre o seu ramo!

Roberto Shinyashiki diz que "o sucesso é construído à noite", e que "durante o dia você faz o que todos fazem. Mas para conseguir um resultado diferente da maioria, você tem de ser especial. Se fizer igual a todo mundo, obterá os mesmos resultados. Não se compare à maioria, pois, infelizmente, ela não é modelo de sucesso. Se você quiser atingir uma meta especial, terá de estudar no horário em que os outros estão tomando chope com batatas fritas". Não significa que não haverá momentos de lazer e prazer na sua vida. Ou que "seu nome será trabalho". Eu sou exemplo disso. Trabalho exaustivamente desde o início da adolescência. Perdi a conta de quantas madrugadas varei me preparando para ser palestrante, ou estudando para escrever meus artigos e meu livro. Tenho minha vida pessoal, minha família e meus amigos. Há tempo para tudo nessa vida. Mas ninguém é insubstituível no trabalho.

Dicas mais que atuais

Eu disse que os profissionais de vendas precisam estar por dentro da realidade do mercado em que atuam e em constante atualização. A seguir, vou falar um pouco das principais tendências que tenho notado. É necessário acompanhá-las sempre e prestar atenção ao que dizem os profissionais que estão no topo das diretorias da sua empresa, assim como aqueles que se dedicam ao estudo e à pesquisa de estratégias de vendas no varejo.

Comportamento do cliente

Seja no varejo tradicional ou no *on-line*, a chave do sucesso nas vendas é entender o comportamento do cliente. Especialistas da área chegam a apostar que entender as maneiras de proceder do consumidor é tanto ou mais importante do que o produto que oferecemos a ele. Martelei essa ideia várias vezes durante o desenvolvimento deste capítulo e é a mais pura verdade. Isso sempre foi assim, só que atualmente essa análise vai bem além do olho no olho ou dos cadastros com dados básicos, graças ao desenvolvimento das tecnologias de inteligência artificial, com algoritmos avançados e máquinas que aprendem a partir da interação com o usuário.

Dados e *big data*

Um pouco antes da pandemia, li sobre uma rede de livrarias que estava sendo alvo de denúncias dos funcionários por estar pressionando-os a fim de fazerem os clientes preencherem e atualizarem seus cadastros na loja. A empresa coagia seus vendedores a baterem metas de cadastros, ameaçando-os com demissões. Embora o caso tenha efetivamente ultrapassado os limites éticos, ele mostra claramente o valor que os dados têm para qualquer negócio. Há empresas que, também de forma antiética, criam bancos de dados de clientes não para conhecer e lidar melhor com sua própria clientela, mas com a finalidade de vender tais dados a terceiros.

O bom e velho cadastro é a forma mais rudimentar de conhecer o perfil dos clientes, assim como de facilitar a comunicação com eles ou mesmo de desembaraçar o trabalho burocrático. Inclui os dados mais básicos de identificação, documentação, contato e cobrança, mas pode ser enriquecido com informações sobre preferência de produtos ou histórico de compras, por exemplo. As empresas têm à disposição uma quantidade imensa de softwares que arquivam e sistematizam dados e isso não é exatamente uma novidade. Também não é novidade a maneira como sites de vendas *on-line* recolhem dados sobre seus clientes, seja explicitamente por meio dos cadastros e formulários de pesquisa ou veladamente pela medição de cliques, padrões de navegação e consulta de produtos, entre outros. O conjunto dessas informações é conhecido como *big data* e distingue-se por três qualidades principais, conhecidas como os "três Vs do *big data*": volume (dados em quantidade), velocidade (dados recolhidos, trabalhados digitalmente e constantemente reavaliados) e variedade (dados de natureza e suporte diferentes).

O *big data* vale ouro!

Omnichannel A integração total dos canais

Esse conceito é uma das principais tendências do varejo na atualidade. É uma evolução do conceito de multicanais, ao propor a concentração da totalidade de canais e informações controlados por uma empresa. Segundo matéria publicada pelo Sebrae (2022)[2]: "O *omnichannel* coloca o consumidor como o 'centro do universo', criando uma percepção positiva de sua experiência com a empresa, principalmente pela facilidade de acesso proporcionada tanto pela presença digital da marca (redes sociais, *mobile* etc.) quanto por suas instalações físicas (lojas)".

Muitos de nós já experimentamos isso quando, ao escolher num site a forma de entrega de um produto, optamos por retirá-lo na loja física. O mesmo se dá quando procuramos a loja física para trocar um produto que foi comprado *on-line*.

No caso do pós-venda, o conceito de *omnichannel* amplia a qualidade e agilidade dos serviços, já que qualquer dos canais utilizados – tanto pela empresa quanto pelo consumidor – será eficiente. Ao mesmo tempo, a concentração de informações permite que a pessoa que realiza o atendimento tenha à disposição todas as informações relativas ao cliente, do seu histórico de compras às suas preferências de consumo.

Há toda uma estratégia por trás disso, incluindo a estética dos canais digitais e dos espaços físicos das marcas. Como explica a matéria, a padronização do layout de todos os canais (como sites e aplicativos) e espaços reforça a sensação de que efetivamente estamos vivenciando a era da queda das fronteiras entre as esferas físicas e as digitais.

Claro que isso só é possível graças a uma estrutura extremamente organizada, planejada. As empresas que desejam chegar a esse estágio precisam investir na concentração dos dados, na diversificação e integração de canais, padronizar procedimentos, treinar os colaboradores.

Back to basics

Embora não seja um termo tão novo, o conceito de *back to basics* (volta ao básico) virou o queridinho dos analistas e comentaristas do varejo, após a realização do National Retail Federation 2023 (Federação Nacional de Varejo), em Nova Iorque. Isso porque se esperava que se desse mais atenção a assuntos como o *metaverso*, de Mark Zuckerberg, e suas novas possibilidades comerciais. Mas o que mais se falou no encontro – que é o evento global de maior prestígio no setor – foi de voltar ao básico. Só que esse básico é aquele básico de excelência. O básico muito bem-feito. E não se refere exatamente à simplicidade, mas a uma intrincada cadeia de princípios e valores que devem nortear a rotina das empresas a fim de tornar a experiência de compra incrível, segura, rápida, inesquecível.

Partindo da ideia de que o cliente do varejo é o centro do mundo, deve-se dar a ele aquilo que ele realmente quer. Isso implica conhecê-lo a fundo, como já foi dito. Além disso, todas as estruturas da empresa devem trabalhar a fim de proporcionar sua satisfação, contemplando menor preço, gratificação, presteza, facilidade e sensação de uma experiência que dê vontade de voltar. Essas estruturas devem, ainda, funcionar das formas mais simples possíveis, usando a tecnologia a favor da empresa, mas sem que apareça, aos olhos do cliente, todo o imenso trabalho que está por trás da fluidez da negociação, seja em qual canal for. Aí estão inclusas questões de logística, a fim de garantir a disponibilidade dos produtos na hora em que o cliente precisa; de gestão de estoques, para que a empresa não imobilize seu capital de giro com excedentes e possa manter a competitividade; e de comunicação, de forma a manter o cliente informado, ciente e satisfeito em qualquer etapa do processo. Outro ponto importante do conceito de *back to basics* diz respeito à felicidade do colaborador, partindo do princípio de que pessoas felizes tendem a produzir mais, melhor e satisfazer com mais sucesso a clientela. Básico, não? Sim. É a última palavra em vendas no varejo.

2 INTEGRE seus canais de vendas a partir do conceito de omnichannel. 03 out. 2022. Sebrae. Disponível em https://sebrae.com.br/sites/PortalSebrae/artigos/integre-seus-canais-de-vendas-a-partir-do-conceito-de-omni-channel,87426f65a8f3a410VgnVCM2000003c74010aRCRD#:~:text=Omnichannel%20%C3%A9%20uma%20tend%C3%AAncia%20do,lojas%20f%C3%ADsicas%2C%20virtuais%20e%20compradores. Acesso em: 08 nov. 2023.

CAPÍTULO

4.

O líder e o resgate do ser humano

Meu conselho como líder: às vezes você só tem que emprestar seus ouvidos aos seus colaboradores.

Acontece nos filmes, acontece na vida: um grupo de pessoas se vê numa situação desastrosa, perdido na selva, sobrevivente de um naufrágio ou fugindo de zumbis. A sensação é de caos, com todos querendo se salvar, brigando e tornando as circunstâncias ainda piores. Eis que, aos poucos, alguém vai se destacando por sua calma, espírito de equipe, inteligência e um jeito conciliador que faz com que os demais entrem na mesma sintonia e comecem a pensar com muito mais objetividade nos caminhos a seguir para que todos possam se salvar.

A figura do líder é muito importante na organização social do ser humano e também de alguns animais. As características de liderança costumam estar muito mais relacionadas à natureza de cada um e são aprimoradas pelo conhecimento e crescimento pessoal. Perceba como nos vários grupos que nós frequentamos, desde a mais tenra infância, sempre há aqueles que se destacam e acabam se tornando líderes dos demais. É assim na escola, nos times esportivos, nos grupinhos de amigos. Isso chega à fase adulta nos vários grupos sociais, nas organizações políticas e nas empresas.

Comigo foi assim também. Eu me tornei líder "na marra", como gosto de dizer e é bem típico da minha cidade, Piracicaba. Já contei que comecei cedo, aos 18 anos, liderando equipes de vendas no setor varejista. É por isso que acredito que é uma função que se baseia na prática. Repito: todo estudo é importante. Estudando, eu cresci e me aperfeiçoei. Mas a semente do líder que vim a me tornar brotou ali, aprendendo no dia a dia do trabalho. E foi também nessa prática que fui me moldando. A teoria é muito importante, mas, sozinha, não basta para lidar com as equipes.

Uma das primeiras dicas que eu dou, após tantos anos de experiência, é que as empresas devem enxergar e tratar seus colaboradores como clientes internos. Esse é o segredo para uma liderança realmente encantadora, que fortalece os laços do gestor com sua equipe, sem tirania.

Eu presto toda a atenção em meus funcionários, tenho proximidade com eles. Procuro saber como cada um está emocionalmente, se tem problemas em casa ou financeiros, se a vida particular está ok e se tem algo em que eu possa colaborar. Analiso não só os resultados, cumprimento de horários etc., mas também a interação com os colegas, o semblante, o humor. Eles gostam e confiam em mim. E isso é de muito tempo. Sempre estive voltado a ser um gestor de pessoas. Os colaboradores gostam disso. É o que fez a diferença na minha carreira empresarial.

E é por isso que uso a palavra "resgate". Na minha carreira, decidi resgatar as pessoas, os profissionais com quem atuo. Como expliquei na introdução deste livro, essa é uma das razões da minha existência. O resgate do ser humano, o resgate da amizade, o resgate da boa convivência. Transformar a vida das pessoas, multiplicar a alegria e a motivação. Fazê-las encontrar ou reencontrar o sentido da vida.

Muitas pessoas se perderam pelo caminho difícil da rotina. Estender a mão a elas é uma das minhas missões.

Gestores pouco sensíveis podem se indagar: "O que a empresa e eu ganhamos com isso?".

Recentemente, tive que lidar com problemas pessoais de dois dos meus melhores funcionários. Eram problemas que não tinham nada a ver com a rotina da empresa, mas provavelmente afetariam o trabalho. Quero usar esse exemplo porque cuidar disso está no espírito da minha gestão e faz com que eu tenha baixíssima taxa de turnover, que é a rotatividade de profissionais. Eu sou empresário há 12 anos, líder há muito mais tempo, e sempre fui além do profissional com os funcionários. Não me meto na vida deles, não fico sondando, mas eles sentem e sabem, até por ser uma cultura da minha empresa, que eles têm abertura para falar e conversar comigo. Percebo como o turnover na concorrência é alto e sempre há mudanças grandes nas equipes. Meus funcionários ficam comigo durante muito tempo. Não é raro que colaboradores que já se desligaram da minha empresa queiram voltar. Muitos voltam, efetivamente. Se o gestor não se aproximar das pessoas com quem trabalha, se ficar só no profissional, só no método, na estratégia, vai ter pouco sucesso.

Se o gestor não se aproximar das pessoas com quem trabalha, se ficar só no profissional, só no método, na estratégia, vai ter pouco sucesso.

As características de um verdadeiro líder

Empresa com forte foco em liderança entende cada colaborador como único e trabalha em cima das suas melhores qualidades para atingir o resultado.

No livro *12 elementos da gestão de excelência* (2009), Rodd Wagner e James K. Harter relatam uma pesquisa sobre motivação realizada pelo Instituto Gallup, na qual um grupo de cientistas sociais analisou um milhão de entrevistas feitas com funcionários ao longo de dez anos. Eles queriam descobrir quais das perguntas contidas no questionário evidenciavam melhor as motivações dos colaboradores. Doze elementos da vida profissional foram destacados. Vou apresentá-los na sequência e comentar um por um. Proponho a você que procure identificar quais deles contemplam aquilo que expus no capítulo acima:

1. Sei o que esperam de mim no trabalho.

Para que isso aconteça, a atuação do líder é fundamental, pois deve acompanhar, medir resultados e dar feedback. Não é "pegar no pé", é uma cobrança necessária e todo profissional sabe que tem de gerar resultados.

2. Tenho os materiais e equipamentos necessários.

Já vi empresas que não oferecem itens simples, como caneta e bloco de anotações. O líder precisa fazer o meio de campo e exigir da direção condições básicas de trabalho. Por exemplo: internet a lenha e vendedor ágil não combinam!

3. Posso usar os meus talentos no que faço.

Sou um exemplo disso. Durante um bom tempo, trabalhei em uma empresa que estimulava que eu usasse minhas habilidades como palestrante, a fim de motivar os funcionários. Mas, claro, o uso dos nossos talentos tem de ir ao encontro dos objetivos da empresa. O limite nem sempre é claro e ultrapassá-lo pode ser perigoso. Bom senso nunca é demais.

4. Recebi algum reconhecimento nos últimos sete dias?

Os líderes devem usar o feeling para fazer o que eu chamo de "soprar". Vou explicar. Por exemplo, estou em algum lugar e uma pessoa elogia o atendimento de um colaborador da minha empresa. No outro dia, é bom repassar esse elogio. Também é legal elogiar detalhes que a maioria dos líderes ignora, como a organização da mesa de trabalho ou o esmero na apresentação pessoal, pois o reconhecimento é um combustível estratégico para o motor dos grandes campeões.

5. Meu supervisor parece importar-se pessoalmente comigo.

Conheci líderes que analisavam esse importante aspecto como tabu e não conseguiam falar com os liderados sobre questões pessoais. Por sua vez, estes não sentiam confiança em se abrir. Não é só perguntar "como vai sua mãe?", "seu filho melhorou?". Isso é básico. É notar através do semblante se os colaboradores não estão bem e imediatamente convidá-los para um bate-papo. Perdi a conta de quantas vezes fiz isso.

6. Alguém encoraja meu desenvolvimento?

É preciso incentivar o colaborador a frequentar cursos, palestras, atualizar-se – não apenas em sua área de atuação. Muitos só querem que o profissional se empenhe na própria função. Tive colaboradores excelentes que estudavam em áreas distintas da profissão e isso os tornava antenados, expandindo o próprio universo intelectual. Temos que respeitar pessoas versáteis em vez de engessá-las.

7. Minha opinião tem valor?

Opinião sempre tem, mas muitas vezes o líder está preocupado com o panorama global da empresa e não escuta, tampouco implanta ideias individuais; cometendo dessa forma um grave pecado corporativo: ignorar a criação.

8. Minha empresa tem uma missão relevante?

O profissional quer estar numa empresa onde possa enxergar o norte e crescer. Para ser feliz, precisa sentir-se em constante desenvolvimento e saber que a empresa está engajada nisso. Não pode haver incoerência entre o discurso e a prática.

9. Meus colegas são comprometidos?

É importante que a equipe seja unida e almeje o mesmo objetivo, porque a gente fica muito tempo junto. Colaborador motivado tem várias atribuições, mas ao ver que o outro, desmotivado, recebe o mesmo salário, corre um grande risco de se desmotivar também. Todos precisam estar em sintonia com o propósito empresarial. O comprometimento e a confiança formam o alicerce de uma empresa vencedora.

10. Tenho um melhor amigo no trabalho?

Presenciei vários exemplos de pessoas que se tornaram grandes amigas e permaneceram assim por longos anos. O melhor emprego é aquele onde você se sente bem e tem amigos para dividir os anseios.

11. Recebi feedback nos últimos seis meses?

É importante que a liderança esteja em constante diálogo com a equipe, para indicar o melhor caminho e promover uma cobrança saudável, porém profunda, para juntos encontrarem soluções e resultados. "A maior habilidade de um líder é desenvolver qualidades extraordinárias em pessoas comuns", disse Abraham Lincoln. É dar a mão e saber puxar. Só não vale carregar...

12. No último ano, tive a oportunidade de aprender?

A empresa trabalha com desenvolvimento contínuo, palestras e cursos? Ela negocia com os fornecedores, para que apresentem novidades e treinem suas equipes? Esse é o caminho!

Percebeu como praticamente todos os elementos têm alguma relação com a atuação de um líder atento, interessado e que se preocupa genuinamente com os membros da equipe? E essa lista é ainda mais válida justamente porque tem origem nas expectativas e sentimentos dos colaboradores!

E as características dos líderes, propriamente ditas? A famosa lista de John C. Maxwell, disponível em *O livro de ouro da liderança* (2014), elenca uma série de pré-requisitos. Se você não os tiver, tente desenvolvê-los. Nunca é tarde!

Liderança é...

- A disposição de assumir riscos.
- O desejo apaixonado de fazer a diferença.
- Sentir-se incomodado com a realidade.
- Assumir responsabilidades enquanto outros inventam justificativas.
- Enxergar as possibilidades de uma situação, enquanto outros só conseguem ver as dificuldades.
- A disposição de se destacar no meio da multidão.
- Abrir a mente e o coração.

Foco em liderança entende cada colaborador como único e trabalha em cima das suas melhores qualidades.

- A capacidade de subjugar o ego em benefício daquilo que é melhor.
- Evocar em quem nos ouve a capacidade de sonhar.
- Inspirar outras pessoas com uma visão clara da contribuição que elas podem oferecer.
- O poder de potencializar muitas vidas.
- Falar com o coração ao coração dos liderados.
- A integração do coração, da mente e da alma.
- A capacidade de se importar com os outros e, ao fazer isso, liberar as ideias, a energia e a capacidade dessas pessoas.
- O sonho transformado em realidade.
- Acima de tudo, coragem.

A minha experiência me possibilitou acrescentar alguns itens à lista de Maxwell, sempre tendo em mente minha missão: o resgate das pessoas.

O líder deve...

- Ter integridade de caráter para ser um exemplo.
- Pautar-se por ética e bons valores.
- Ser visionário, prever e antecipar-se ao futuro.
- Ter entusiasmo para motivar os colaboradores.

- Estimular a criatividade.
- Estar sempre de prontidão para colaborar.
- Inspirar os outros a dar o melhor.
- Ensinar e aconselhar.
- Transformar erros e falhas em oportunidades.
- Ser tão cuidadoso quanto audacioso.
- Não considerar válido atingir um objetivo a qualquer custo.
- Promover mudanças que ultrapassem apenas o objetivo de deixar sua marca.
- Quebrar as panelinhas.
- Dar feedback constante sobre o desempenho.
- Ser tolerante e aceitar os pontos fortes e fracos de cada pessoa.

Finalmente, nós somos abençoados quando abençoamos o nosso próximo. Não importa o que você faz para sobreviver, não importa o que faz nas suas horas de lazer. Ao final, o que vai ficar de mais válido é aquilo que você fez para transformar, resgatar e salvar a vida das pessoas. Quando você perceber isso, vai ver que não falta mais alegria para acordar de manhã nem motivação para encarar os desafios. Essa é minha razão de viver!

Líder nato

Acho que nasci para ser líder. O friozinho na barriga sempre foi, para mim, um convite para eu me lançar ao desafio. A responsabilidade nunca me amedrontou, pelo contrário, me fascinou. Conseguir que minha equipe esteja apta a dar o seu melhor é um dos meus desafios prediletos.

> *Acho que nasci para ser líder. O friozinho na barriga sempre foi, para mim, um convite para eu me lançar ao desafio.*

Para mim, aquele ditado "manda quem pode, obedece quem tem juízo" não tem nada a ver. O poder e o respeito dos liderados é algo que vem naturalmente, com o envolvimento com o grupo, o exemplo, a sabedoria, a calma, o conhecimento e a constante autoanálise.

Falando em autoanálise, ela pode ser norteada por três perguntas fundamentais:

- Como você acredita que os liderados analisam sua liderança?

- Qual é o seu diferencial e as suas qualidades como líder?
- No lugar dos liderados, como você reagiria diante de suas atitudes?

Sempre digo que, se o líder não fizer esses questionamentos como rotina de trabalho, os liderados não trabalharão dando o seu melhor e alguns nem permanecerão na equipe. Por outro lado, o verdadeiro líder sempre faz esses questionamentos e a consequência disso é o respeito e a admiração dos funcionários.

Esse exercício não precisa nem deve ser uma reflexão solitária. Todas as vezes que puder, pergunte aos liderados como está se saindo enquanto líder. A resposta pode até não ser a que você espera, mas com certeza vai aprender com as sugestões. Se achar que eles não terão coragem de dizer diretamente por medo de represálias, utilize outra dinâmica, como uma caixa de sugestões anônimas.

O líder jamais pode ser uma pessoa que desperta sentimentos negativos como desejo de vingança e ódio. Chefe agressivo, desinteressado da equipe e do trabalho, que não motiva, nunca elogia ou, ainda, humilha as pessoas, torna o dia a dia um verdadeiro inferno. O ambiente, ao invés de gerar conforto e alegria, fica carregado. As ameaças e humilhações constantes acabam com a motivação dos vendedores. Que resultado se pode esperar desse tipo de gestão?

O líder deve ter uma postura edificante! Que inspira! Ele ensina a pensar, liberar a mente e o coração em busca de resultados positivos. Sabe que também depende do liderado e que da boa relação entre eles é que nasce quase tudo de produtivo que há numa empresa!

Durante a minha carreira, não foram poucos os meus desafios como gestor. O líder é um especialista em pessoas. Gostar de gente é obrigatório. Não é sobre ser mais inteligente, mas sobre ter sensibilidade e muita sabedoria para lidar com situações complicadas.

Tive uma funcionária que ficou marcada na minha memória porque era ansiosa demais. Para lidar com ela era necessário lançar mão não só da capacidade de liderança, mas também da esperteza. Eu precisava estar sempre um passo à frente. Na época, eu atuava como

O líder é um especialista em pessoas. Gostar de gente é obrigatório.

gerente de uma loja de móveis. Um dia, cheguei para trabalhar e ela já estava me esperando no estacionamento. Mal esperou eu sair do carro. Seu semblante anunciava nada menos do que o fim do mundo:

— André, aconteceu tal, tal e tal coisa! Você precisa dar um jeito!

Ela esperava que eu lhe desse razão ali mesmo. Respirei e lhe disse que iria conhecer todos os lados da história e isso me livrou de um problemão, porque o que ela queria era ver o circo pegar fogo, com a equipe dentro! Depois de ouvir todo mundo, percebi que a errada era efetivamente ela. Eu a repreendi. Ela teve que melhorar.

Lembro-me de outro fato. Esse foi divertido, apesar da saia justa. Aconteceu quando eu era diretor comercial de um grupo da região campineira. Um dia, por uma demanda momentânea da loja, eu troquei meu celular corporativo pelo celular do gerente. Ele era uma pessoa meio esquentadinha. Só que nesse dia, um vendedor, também esquentadinho, arrumou a maior encrenca com esse gerente que estava com o meu telefone. Saíram mil faíscas. Acontece que o rapaz decidiu me telefonar e contar tudo que tinha acontecido! Mas não percebeu que a voz era outra e disse as maiores barbaridades sobre o gerente para o próprio gerente! Este resolveu dar um susto no colaborador. Chegou por trás dele, no meio da loja, de mansinho, com o celular na mão e perguntou:

— Você sabe com quem estava falando?

Foi só risada! O coitado ficou pálido. Houve alguns dias de estranhamento, mas eu fiz o meu papel, chamando os dois para conversar, pois o problema deles não poderia interferir no funcionamento da loja. Devagar voltaram a se falar e logo a participar das confraternizações pós-expediente.

Outra situação, só que essa foi mais dramática. Eu tive em minha loja um projetista que era espetacular. Fazia o tão desejado atendimento excelente. Os clientes o adoravam, porque ele era expressivo e tinha o feeling para captar os desejos e traduzir isso nos projetos. Em épocas boas, ele era sempre o melhor vendedor. Talentoso e genial. No entanto, quando se relacionava com o resto da equipe era excêntrico, e essa personalidade forte causava desconforto e desentendimentos. Mais de uma vez eu o chamei para conversar sobre suas questões pessoais, a fim de sanar os problemas que iam aparecendo. Houve uma vez em que ele, devido a problemas em casa, se alterou bastante dentro da empresa. Talvez outro patrão o tivesse demitido na mesma hora. Talvez gritasse. Mas eu me controlei. Consciente do meu papel de líder, respirei fundo e o observei por um momento. E eu o abracei, ele se desarmou. Chorou, se recompôs e focamos novamente no trabalho.

Outra história com o mesmo vendedor. Aconteceu de, por motivo de férias de outros funcionários, ele acumular algumas funções e por isso começou a levar o computador da empresa para trabalhar em casa, fazendo horas excessivas de trabalho. Marcamos uma nova conversa na loja. Ele acabou se melindrando novamente e perguntou: “Qual é o meu valor dentro da sua empresa?”. Aí entra a sabedoria do líder, porque esse funcionário sabia que era o melhor e vendia mais que os outros. Talvez a pergunta dele se referisse à parte financeira do negócio. Mas o que eu respondi foi: “O valor que você tem dentro da minha empresa é o valor do abraço que eu te dei naquele dia em que deveria te demitir”. Naquele momento, ele compreendeu. Ficou emocionado, percebeu o quanto se excedeu e me abraçou.

Essas situações dão trabalho e é claro que às vezes causam estresse. Mas eu penso que o desgaste faz parte e, ao mesmo tempo, a satisfação dessa função é imensa.

Uma das coisas que mais me dão prazer como gestor – e que eu faço questão de implantar na alma dos meus funcionários – diz respeito a resolver problemas. Tenho convicção de que só vence na vida aquele que encara os percalços de frente, que tira as pedras do caminho. Aquele que só foge prejudica a si mesmo, sua carreira e, por extensão, atrapalha a empresa. Da mesma forma que trabalho para resolver tudo o que aparece, espero o mesmo dos meus liderados, pois não posso fazer tudo por todos todo o tempo! É impossível!

Eu até criei um método simples para fazer minha equipe se manter motivada e consciente disso. Quando o funcionário chegava para me trazer uma questão, eu usava a seguinte frase: "Fogo!". Eles já sabiam que queria dizer: "Traga a solução!". Se fosse algo ainda mais sério e que pedia uma ação rápida, a frase era outra: "Fogo e querosene!", ou seja: "Resolva!". Por que eu fazia isso? Para ter melhor desempenho nas vendas e não perder tempo com tudo o que acontecia na loja, sendo que boa parte das ocorrências podiam (e deviam) ser resolvidas pelos próprios funcionários. Então, deixo um ensinamento: concentre sua administração no que é realmente necessário! Cuidado para não ficar um gerente de problemas, resolvendo picuinhas que nem merecem atenção.

Isso é muito sério. Um dos maiores problemas da gestão na área de vendas é saber como filtrar as demandas da equipe. Não é falta de vontade, mas se você tiver um quadro de funcionários grande, o perigo é passar a maior quantidade do tempo resolvendo problemas. Nas minhas consultorias, vejo sempre muito gerente desperdiçando seu potencial para tratar coisinhas miúdas. Cuidado.

Líder, parceiro, amigo

Algumas pessoas passam pela nossa vida como um cometa, deixando um rastro de luz. Eu gostaria de dividir com vocês uma história sobre uma pessoa assim: meu amigo Douglas. Trabalhamos juntos por dez anos em uma grande loja de móveis em Jundiaí. Fui chefe dele durante esse tempo. Era um vendedor excepcional, o melhor entre os melhores, fora da curva mesmo. Eu o ensinei os primeiros passos e, por

> **Algumas pessoas passam pela nossa vida como um cometa, deixando um rastro de luz.**

causa disso, no começo da carreira, ele se inspirava no meu estilo de vender, meu jeito de negociar. Falava quase as mesmas coisas. Eu tinha um carinho imenso por ele. E era recíproco. Construímos uma amizade forte e duradoura. Ele me chamava de "Fenom" (de fenômeno, hehe...). "E aí, Fenom?"

Por causa do bom desempenho, outras empresas tentavam levá-lo para trabalhar com elas. Claro que as propostas pareciam tentadoras à primeira vista e ele veio conversar comigo umas cinco vezes sobre isso.

Um dia a proposta foi tentadora demais. Estava praticamente decidido: "Vou sair". Esperei a loja fechar e o chamei para a minha sala. Durante nossa conversa, tentei fazê-lo analisar tudo de forma mais racional: "Eles estão oferecendo uma comissão melhor? Você não acha que há outros pontos a serem considerados?". E comecei a explicar a importância que ele tinha na loja: "Aqui, você é O Douglas. Tem tantos anos de empresa. Em um emprego novo, vai ter que construir novamente essa reputação, porque será apenas Douglas". Ele não mudava de ideia. "Avalie o tamanho desta loja. Você tem consciência de estar trabalhando em um lugar deste tamanho?" Nada. Então, tive uma ideia.

Apaguei as luzes externas e levei-o para o estacionamento, lá fora. A loja é realmente enorme, a mais bonita da cidade. Coloquei o Douglas sentado no chão, perto do portão da entrada dos carros, olhando de frente para o prédio. Ele ficou lá, sentadinho, olhando. Então, acendi todos os disjuntores ao mesmo tempo. A empresa inteira se iluminou de repente. Era enorme e linda. E disse a ele: "Olha o tamanho que tem esta empresa. Pense em quem você é aqui".

Ele ficou pensativo. Fomos para casa. No dia seguinte, ele me procurou e disse: "André, vou ficar. Você me convenceu. Aqui é minha casa". E assim ficamos até ele finalmente seguir o caminho como empresário, no qual teve enorme sucesso.

Estava no topo da onda, num momento muito feliz. Sempre mantivemos a amizade, trocando experiências, contando nossas passagens pelo mundo empresarial. Um dia ele me procurou dizendo que estava escrevendo um livro e que gostaria muito que eu lhe desse a honra de escrever o prefácio. Fiquei contentíssimo e orgulhoso dele. Como sempre, lembrei-me do dia em que, sentado do estacionamento, o semblante dele se iluminou com a luz da loja.

Estava ainda sob os efeitos desse convite tão bom quando fui surpreendido pela terrível notícia de que ele falecera. Em um evento numa fazenda, ele e a namorada, assim como várias outras pessoas, tiveram contato com o temido carrapato-estrela, que transmite a febre maculosa.

Foi um baque. Uma perda e uma dor imensa... Ele estava no auge, viajando na velocidade da luz, iluminando tudo com sua energia e seu talento. E, de repente, parou...

Foram dias difíceis. Aos poucos, a dor foi dando espaço para a saudade e para as lembranças tão boas que construímos juntos. Claro que sempre me lembro daquele dia na loja em Jundiaí e penso, com carinho, que aquela luz que acendi na consciência dele ajudou a forjar o homem que ele se tornou. Essa lembrança acende em mim a esperança de que ele, onde quer que esteja, pede e olha por nós, iluminando nossos caminhos, até que, quem sabe, nos encontremos novamente.

Lidando com a equipe

Com os anos de experiência, fui me tornando cada vez mais observador e aguçando o meu feeling. Noto que as pessoas fracassam por conta de vários motivos, entre os quais eu destaco estes, que são os mais comuns: preguiça, medo, conhecimento superficial, objetivos indefinidos, impaciência e falta de persistência.

> *As pessoas fracassam por conta de vários motivos, entre os quais eu destaco: preguiça, medo, conhecimento superficial, objetivos indefinidos, impaciência e falta de persistência.*

Não é raro ver pessoas que superestimam o objetivo e não saem do lugar. Algumas desistem antes mesmo do primeiro fracasso. Muita gente fica no mundo dos sonhos e não faz nada para alcançar seus desejos. A procrastinação é uma praga. A pessoa empurra as atividades com a barriga e o sonho sempre fica para o futuro. Ela não divide o sonho em metas, porque não tem essa consciência de que o sucesso é conquistado aos pedacinhos.

Outro entrave ao crescimento pessoal e profissional que o líder conhece muito bem é a resistência à mudança. Quase todos dizem que querem ser melhores, querem mudar, produzir mais, ter mais sucesso, mas geralmente as atitudes mostram que é da boca para fora, às vezes por medo de sair da zona de conforto. A mudança tem muitos inimigos e um deles é o condicionamento. É como o hábito confortável de usar um velho e gostoso sapato no pé, enquanto um novo poderia machucar. "Ficar como está", "não mexer em time que está ganhando" e outros pensamentos assim são muito comuns e cômodos, mas atrapalham o crescimento. "Tentar algo melhor" é mais raro e desafiador, mas é um aliado do progresso.

Sempre há muito mais gente acomodada do que disposta a agir. E é nesse contexto que existe o ponto-chave de atuação do líder. O processo de mudança tem etapas e a primeira é a negação. Argumentos como "sempre fiz assim e deu certo" são típicos de quem está acomodado e o gestor sabe disso. A segunda etapa se dá quando a pessoa internaliza a necessidade de mudança e verbaliza isso, mas não age. Fala da boca para fora coisas como "preciso parar de olhar o celular no serviço", mas não faz nada para evitar o aparelho. A terceira vem quando há um sentimento real de desconforto, geralmente quando os problemas decorrentes das atitudes erradas se tornam mais graves. Usando o exemplo do celular, seria como se a desatenção causada pelo uso do dispositivo tivesse afugentado um cliente.

Abordar um colaborador acomodado tem suas regras. Minha orientação pessoal é a de ser um gestor sensível, como expliquei. O relacionamento entre as pessoas, mesmo as que ocupam posições hierárquicas diferentes, deve se dar seguindo as regras do bom senso, do respeito, da humildade e da busca pelo bem comum (o que no mundo corporativo se traduz por tudo isso, mas também, e sobretudo, por resultados).

Quando se fala em humildade – nunca é demais dizer – estamos falando em saber que ninguém é melhor que os demais, ninguém conhece tudo. Sempre se deve ouvir com atenção, fazer perguntas e procurar se expressar com calma e respeito. Quando estiver no comando de uma reunião, procure dar voz a todos os que desejam falar. Isso faz com que as pessoas se sintam importantes, lhes dá confiança para expor as ideias, cria um ambiente de respeito, acolhimento e reconhecimento entre todos os membros da equipe.

Mesmo assim, com todos esses cuidados, muitas vezes as palavras e as atitudes de um líder mexem com os brios dos liderados, por mais tato e delicadeza que se tenha. É importante que o coração de quem está no comando abrigue sentimentos genuinamente dignos

No comando de uma reunião, procure dar voz a todos os que desejam falar.

em relação aos funcionários e à equipe, desejos de que haja um crescimento conjunto e de que todos colham os frutos do trabalho bem-feito. Sempre jogue limpo com as pessoas: colaboradores, fornecedores, clientes, concorrentes. Isso acaba transparecendo e amplia o sentimento de respeito e confiança no seio do grupo. Não minta nem esconda desnecessariamente informações. Não ofenda. Tenha paciência de explicar e tentar entender erros e dificuldades. Se acontecer de se exaltar em algum momento, lembre-se da importância de reconhecer o excesso e conversar com as pessoas envolvidas. Da mesma forma, quando um membro da equipe sair da linha num momento de tensão, analise o ocorrido, tendo em mente que as boas intenções estão na alma e não em uma frase dita de maneira dura.

Nem sempre será possível relevar um erro. Ser bonzinho o tempo todo pode parecer muito fácil. O difícil é ser justo, mas é essa atitude que leva ao resultado. Tem uma frase de que eu gosto muito, cujo autor desconheço, que é: “Se você quer agradar a todos, não seja um líder, venda sorvete”. E, claro, há ocasiões em que avisar não basta e, então, deixar a pessoa errar é a única maneira de fazê-la compreender os resultados das suas atitudes. "Antes de curar alguém, pergunta-lhe se está disposto a desistir das coisas que o fizeram adoecer", como disse Hipócrates.

Falei aqui sobre ter no coração sempre as melhores intenções. Reforço que esse deve ser o ponto de partida – como regra – e isso vale para todas as esferas da vida. Amizades, relacionamentos amorosos, conversas sérias ou engraçadas, negócios. Meu amigo Paulo Sérgio, palestrante, tem um texto muito bom sobre iniciar tudo "com o pé direito" e a analogia que ele usa é "não comece fogo com lenha molhada". Está nas redes sociais dele: "Quando você começa algo da maneira errada, a tendência é que, se você não corrigir isso rápido, tudo continue errado ou, quando estiver próximo de se ajustar, você quebra antes. (...) Meu pai dizia sempre para não começar o fogo com lenha molhada, mas, sim, com uns cavacos bem sequinhos. Era a mais pura verdade. A lenha molhada impedia o fogo de acender, e quanto mais a gente assoprava, mais fumaça fazia, apagando a pequena faísca que formava. O único jeito era tirar toda a lenha molhada, trocar por cavaco seco e recomeçar. Aí surgiam as labaredas".

Venda primeiro para a equipe

Há uma parábola chinesa que conta que havia uma estrada onde dois homens caminhavam em sentido contrário, cada um levando um pão. Em determinado ponto, eles se encontraram, trocaram os pães e cada um seguiu seu caminho levando um pão. Em outra estrada, dois homens também caminhavam em sentido contrário, cada um levando uma ideia. Em determinado ponto, eles se encontraram, trocaram as ideias e cada um seguiu adiante, agora levando duas ideias.

Essa parábola mostra como o conhecimento e a informação enriquecem nossa vida, nossas experiências pessoais e profissionais. Trazendo esse pensamento para o universo das vendas, gostaria de citar uma história que ouvi há algum tempo, contada numa palestra pelo professor Luiz Marins. Certa vez, ele foi assessorar uma concessionária de automóveis que estava com dificuldades para vender um novo modelo de carro. Ele perguntou aos gestores se eles tinham apresen-

> *Conhecimento e informação enriquecem nossas vidas, nossas experiências pessoais e profissionais.*

tado o produto para a equipe. Não tinham. Então, ele organizou uma apresentação do carro. Fez aquela festa. Chamou o mecânico para apresentar a parte técnica, o funcionamento do veículo, colocou todos para dar uma volta com o carro. As vendas não estavam acontecendo porque a liderança não tinha vendido o produto para a equipe. Depois disso, elas dispararam. O bom líder, e mesmo um bom treinador de equipes, tem que levar as ideias para as pessoas. Se chegou um produto novo na empresa, nós devemos ter uma reunião. Na minha loja, quando há um lançamento, nós temos que ler todas as informações nos materiais que a fábrica manda, dizendo o que entrou de novo, o porquê, estudar aquilo e vender a ideia para a equipe.

Quando o líder vende para a equipe, está trocando ideias. Não está havendo uma troca material, como dois pães. Está havendo troca de ideias e isso se dissemina para o grupo. Quando trocamos experiências, levamos sabedoria. Isso deve ser implantado nas empresas. Além da sabedoria, deixamos a equipe alinhada e geramos resultado. O valor dessa troca é imensurável.

O mundo do cliente

Ofereço sempre o meu melhor para as pessoas.
O que elas fazem com isso é problema delas.

Muitos daqueles que conhecem meu trabalho como contator de histórias de vendas adquiriram o hábito de me presentear com os relatos das suas experiências pessoais no comércio. Foi assim que tomei conhecimento da história de uma amiga que esteve em uma pequena loja de reparo de panelas à procura de tampas avulsas. Foram duas visitas. Na primeira, ela estava sem as panelas. Apenas entrou e perguntou se havia as tampas. O dono disse que sim, convidou-a a entrar e mostrou várias pilhas de tampas, de todos os tamanhos. Na segunda visita, no dia seguinte, já de posse das panelas, ela foi atendida no balcão, pela dona do negócio, que olhou as panelas e fez cara de que provavelmente não havia tampas adequadas, além de murmurar um "hum... não sei, não...". Mas minha amiga sabia que a loja tinha os produtos, pois os tinha visto no dia anterior. Por isso, não desanimou e estimulou a dona, mostrando o local.

Quando ela me contou essa história, imediatamente lembrei-me de um caso que ocorreu comigo dias antes. Eu andava à procura de uma iluminação especial para os vídeos que produzo para as minhas redes sociais. Estive em vários estabelecimentos, fui bem atendido, mas não encontrei o que procurava. Então, me indicaram um profissional muito conhecido do ramo, que atualmente está atendendo em casa. Ele veio me atender na hora, mancando, pois estava com dor na perna. Não tinha o que eu estava procurando, mas – e é aí onde eu quero chegar – me deu uma verdadeira aula. Escutou minha demanda com atenção, fez questão de saber qual era o meu público e percebeu que o que eu procurava não era o mais adequado. Indicou aquilo que considerou o melhor para o meu perfil. Deu até dicas de resolução do vídeo, de conexão. Ficou duas horas comigo. Não ganhou um tostão. Sabe por que ele agiu assim? Porque não estava ali única e exclusivamente para ganhar dinheiro. Vai receber o dinheiro porque é uma consequência do negócio. Não é preciso ser um gênio para saber que quanto mais dedicação e amor você colocar no atendimento, mais o negócio prospera e, consequentemente, o retorno financeiro chega.

Um caso como o ocorrido na loja de panelas me entristece, porque se trata de uma proprietária – que ao final das contas é uma líder – e ela está emocionalmente morta. Não tem mais aquele envolvimento mágico com o próprio negócio. Perdeu o apetite empresarial. Isso dá pena. Ela sabia que ganharia muito pouco vendendo as tampas e o trabalho de ir até onde estavam lhe pareceu demasiado. Durante todo o tempo, ela "suportou" o cliente e olhou apenas o lado dela, quando o correto seria entrar no mundo do cliente e pensar "eu estou aqui para entender e ajudar você", de coração aberto. Se o cliente pede um sapato, você desce dez sapatos para ele ver. Se pediu a tampa, pega todas as tampas. Se nenhuma encaixar, o cliente sai da loja sem o produto, mas com a melhor impressão e vai indicar você para outras pessoas. Às vezes, a simpatia e o excelente atendimento atraem o consumidor para outras partes da loja, fazem com que compre coisas que nem tinha ido procurar!

E tem mais: essa história de "ah, esse cliente não vai me dar dinheiro", "eu não aguento mais esse negócio", "não tem o que você procura" etc. cria uma cultura péssima no estabelecimento. E, caso haja funcionários, é o pior exemplo do mundo. Líder tem que ser do time "faça o que eu faço"! E fazer o melhor, claro! O negócio vai virar? Joga para o universo. Se o dinheiro não vier dele, vem de outro. Eu e todos os outros empresários do mundo só estamos vivos por causa disso.

Há outra história que aconteceu comigo mais ou menos na mesma época. Tem um pequeno restaurante que eu frequento quando estou com pressa, em trânsito. Fica quase na saída da cidade onde moro, em um posto. É bastante simples, mas a comida é muito boa, bem-feita e eu percebo que a clientela é fixa, o que é bacana para a imagem do negócio. Por outro lado, havia um ponto negativo. O banheiro não era legal. Não tinha um cheiro agradável nem um visual bem cuidado. Em vez de sabonete na pia, dispunha de detergente na embalagem original. Fui conversar com o proprietário. Comecei elogiando o restaurante, a comida, o atendimento. Quando eu disse que havia, entretanto, um ponto negativo, ele mesmo se adiantou: "Eu sei. É o banheiro, não é?". Contei isso porque o dono é o guardião da imagem do seu negócio. Ele é o líder natural, mas outros líderes, de outros lugares, são guardiões também, proprietários ou não. É preciso estar atento. Deixo essa reflexão sobre a equação que se forma quando o estabelecimento é humilde e existe capricho: o resultado é cliente satisfeito, feliz e fiel. Na semana seguinte, quando voltei, o banheiro era outro: arrumado, cheiroso, agradável.

Os relatos anteriores trazem o tipo de situação que eu vejo e logo penso no que me motivou a escrever este livro, e que a esta altura você já sabe bem do que se trata: o resgate. Quando falo a esses líderes, seja nas consultorias, nas palestras ou mesmo numa simples conversa no balcão do seu estabelecimento comercial, o que eu tenho correndo nas veias é a imensa vontade de trazê-los de volta à vida, de volta à paixão pelo próprio trabalho, seu negócio, de volta a dar-se de coração para o cliente e permitir-se ser um excelente profissional!

Como estou há muito tempo na prática e na análise do dia a dia do mercado, muitos me perguntam se há um padrão de treinamento que eu aplico nas empresas em que dou consultoria. A resposta é não, já que o trabalho *in company* envolve primeiramente a observação e o diagnóstico da rotina de trabalho da equipe. Sendo assim, verifico as particularidades de cada caso. Não faria sentido aplicar um treinamento-padrão para grupos diferentes. Algumas das questões que sempre analiso são: a equipe tem uma estrutura organizada em que todos conhecem seus papéis e potencialidades? O líder desempenha adequadamente seu papel? A equipe tem consciência clara das estratégias que deve adotar?

A questão da estratégia é fundamental. E para traçar a estratégia, os vendedores precisam:

- Conhecer o mercado, suas características, problemas, carências, brechas e oportunidades.
- Conhecer a própria clientela e, além disso, conhecer a clientela do seu mercado específico, procurando identificar cada tipo de pessoa, suas motivações e intenções no processo de compra.
- Identificar erros e pontos problemáticos que fazem a equipe perder vendas.
- Organizar os dados positivos e negativos, a fim de ter uma visão de conjunto, facilitando a identificação de procedimentos de sucesso ou de fracasso.
- Manter ativa a comunicação entre os membros do grupo, através de informes e reuniões, para que as experiências individuais possam servir para melhorar o trabalho de toda a equipe.

O olhar do líder para as sutilezas da vida: você enrola ou trabalha?

Há uma história que eu sempre conto nas minhas palestras. Parece banal, mas traz reflexão.

Já contei que durante dez anos fui gerente de uma grande loja de móveis em Jundiaí, no interior de São Paulo. Houve um período no qual as vendas estavam abaixo do esperado. A cobrança para atingir as metas era grande. Eu recebia pressão do diretor e repassava para a equipe. Mas a loja não gerava resultados.

Um dia comecei a prestar atenção a qualquer detalhe que pudesse ser uma indicação do que havia de errado com a equipe. Não foi difícil chegar no clássico corporativo, esse vilão da produtividade chamado "rodinha de café" na cozinha dos funcionários.

Comecei a dar "incertas" na cozinha e a observar os frequentadores. Percebi que um dos vendedores, o Tonhão, era assíduo do cafezinho. Estava toda hora lá. Na primeira oportunidade, perguntei a ele: "E aí, Tonhão, como estão as suas vendas?". Ele foi dizendo, desanimado: "Olha, não estão nada boas, não. Cliente quase não tem. O pouco que tem vem aqui, conversa, conversa, promete que vai fechar comigo, mas no final some! E o pior, quando eu vendo, o cliente cancela. Tá difícil". Estava analisando aquela postura derrotada, quando ele se virou para pegar outro cafezinho. Eu pensei: "Toda hora ele vem aqui em vez de ficar no atendimento!". Nesse momento me deu o insight! "É esse! É esse o cara que está puxando os resultados para baixo!"

Voltei para a minha sala. Comecei a verificar as planilhas de resultados individuais de cada profissional e vi que o Tonhão era efetivamente o pior da equipe. Fiquei com isso na cabeça.

Dias depois, a cena se repetiu com outro vendedor. De novo no cafezinho, encontrei o Bertinho: "Oi, Bertinho, como estão indo suas vendas?". "André, fique tranquilo. Você sabe que comigo 60% da cota eu vendo. Fácil não está, mas vai melhorar. Tenho mais clientes para hoje." Fiquei de olho no que ele iria fazer. Serviu-se de um cafezinho, trocou ideia com o pessoal da rodinha. Não demorou tanto quanto o Tonhão. Logo voltou para o seu posto na loja, mas também parecia ser bastante assíduo do local do cafezinho. Na minha cabeça pretensiosa, eu pensei: "Esse é vendedor médio". Conferi o resultado do volume de vendas dele e foi como eu imaginei: vendas regulares, raramente acima das metas propostas. Ou seja, o Bertinho é um vendedor médio!

Na semana seguinte, voltei para o posto de observador. Na rodinha de café, chegou apressado o Douglas. Perguntei a ele como iam as vendas. Ele disse, enquanto se servia e tomava rapidinho o café: “André, eu estou com vários clientes! Vou arrebentar! Já bati a meta, a loja está bombando e eu não tenho tempo para mais nada!”. Terminou rapidinho e voltou para o seu posto na loja!

Foi assim que eu identifiquei o desempenho dos meus profissionais. Em uma reunião com todos os vendedores, expus as minhas “descobertas”, que ao mesmo tempo causaram risos sem graça e reflexão na equipe. Aquele vendedor ocioso, desmotivado, enrolão, desinteressado, que vem trabalhar na segunda já pensando na balada do final de semana, é o típico profissional que não tem foco no trabalho. Vende pouco e usa o seu tempo para papear demais e tomar vários cafés. O vendedor médio, aquele que é cauteloso, morno, comum, tranquilo, trabalha para colocar as contas em dia. É o que eu chamo de “vendedor feijão com arroz”. É até um bom funcionário. Vende médio, toma alguns cafés, fuma alguns cigarros. Já o campeão de vendas é aquele que excede as expectativas do cliente. Tem um desempenho invejável porque é comprometido, dedicado, focado e talentoso. O compromisso deste vendedor com o trabalho é tamanho que ele usa seu precioso tempo para melhorar sua performance. O café fica em segundo plano.

Quero deixar claro que este pitoresco conto é apenas um exemplo, não uma experiência de laboratório que relaciona períodos de descanso e produtividade. Mesmo porque não fazer pausas não é nada saudável. Essa foi apenas a minha maneira de analisar minha equipe em um momento de baixo desempenho. Meu objetivo com essa história é falar da ociosidade e de como ela pode comprometer os resultados. No cotidiano das empresas não é raro que as dificuldades tragam desestímulo, tirando o foco dos objetivos e favorecendo a improdutividade. Eu sou um líder. Cabe ao gestor de equipe identificar o funcionário menos produtivo para saber os pontos que podem ser ajustados para melhorar a performance. Também é função do líder trazer tranquilidade à equipe, mostrar que cada um tem que ter o seu resultado, tanto individual quanto para o conjunto.

O funcionário, por sua vez, deve avaliar seu desempenho. Deve se perguntar como tornar seu dia a dia mais produtivo. A empresa oferece um bom ambiente de trabalho, cumpre com suas obrigações, reconhece o esforço de seus profissionais? Então, é sua função manter uma postura e um comportamento que garantam resultados. São atitudes que beneficiam o próprio funcionário, elevam a autoestima e geram motivação. Os ganhos se estendem para outras áreas da vida.

Que tipo de líder você é?

O líder deve se conhecer profundamente. Senão, como vai liderar os outros?

Há muitos tipos de líderes.

Tem aquele **autoritário**, também conhecido como "chefe", que determina o que o grupo vai fazer, sem dar ouvidos a ninguém e que sempre acha que sua opinião é a mais correta. Faz isso por ser muito apegado ao poder e por não acreditar na capacidade dos liderados que, por fim, acabam se conformando com a situação e geralmente tornam-se seguidores de ordens, sem iniciativa e, frequentemente, sem motivação.

Já o líder **paternal** é aquele que é amável, mas que toma decisões em nome do grupo todo, é conciliador e querido, mas tende a não delegar tarefas.

Tem o líder **permissivo**, que deixa o grupo solto, sem controle ou ajuda. Os conflitos costumam aparecer e aumentar, devido à falta de atenção e mediação.

O líder **democrático** busca o equilíbrio do grupo. Os membros trabalham em conjunto, compartilhando as decisões e atividades, buscando a sinergia. Esse tipo de líder sabe que não é o dono da verdade e dedica muita atenção às relações interpessoais, o que inclui desfazer os conflitos, estimular o apoio entre os subordinados, os elogios, as parcerias.

O cinema ilustra muitos exemplos de liderança por meio de personagens. O modelo pode não ser real, mas ensina muita coisa. São filmes que levam à reflexão e lições que podem durar uma vida inteira. Entre ilusão, fantasia e analogia com a vida real, o fato é que esse perfil inspirador sempre deu o maior ibope e vale abrir um pequeno espaço para discuti-lo. Eles pertencem ao mundo da ficção, mas a lição que podem ensinar é muito real. Exercem na tela uma liderança positiva, "puxam para cima" gente que parecia acomodada; merecem ser conhecidos e reconhecidos.

Vamos a eles:

Ao mestre com carinho

- **Quem é?** Prof. Mark Thackeray (Sidney Poitier)
- **O que ele fez?** Engenheiro desempregado, resolveu dar aulas em Londres. A escola localizava-se em um bairro operário aonde ninguém mais queria ir. Thackeray sabia que era sua grande oportunidade, pois estava com problemas financeiros. E chegou disposto a enfrentar alunos rebeldes e bagunceiros.
- **Por que ele foi importante?** Por entender que aqueles jovens o rejeitavam, até por ser negro ou por medo, mas não por maldade. Não os julgou e não saiu correndo diante da primeira hostilidade. O mestre os fez descobrir aquilo que ninguém mostrou: que eles tinham valor. No final, a turma toda o homenageou com a canção "To sir with love".

Gênio indomável

- **Quem é?** Sean Maguire (Robin Williams)
- **O que ele fez?** Atuou como terapeuta de Will (Matt Damon), um rapaz de 20 anos que teve problemas com a polícia e, por isso, recebeu a determinação de passar por sessões de terapia. O psicólogo não se curvou diante da

arrogância do garoto, que fez de tudo para aborrecê-lo nas primeiras sessões.

- **Por que ele foi importante?** Por convencer Will que o jovem não era uma aberração. Um gênio da matemática, Will resolvia equações complicadíssimas, mas trabalhava como faxineiro na faculdade onde deveria ser aluno. O psicólogo o fez entender que sua condição de inteligência acima da média não era uma condenação, e o ajudou a ficar em paz e equilíbrio com seu talento inato.

Gladiador

- **Quem é?** Maximus (Russell Crowe)
- **O que ele fez?** General do exército romano, fugiu ao ser feito prisioneiro por Commodus, filho cruel do imperador Marcus Aurelius. Ferido, Maximus retorna ao lar e encontra sua família trucidada. Após enterrá-la, desmaia devido aos ferimentos e é capturado por escravistas, que o vendem a um treinador de gladiadores. Assim, ele passa a lutar pela vida no Coliseu.
- **Por que ele foi importante?** O comandante Maximus demonstrou não apenas liderança, mas capacidade estratégica e uma grande resiliência para enfrentar tudo,

até as lutas de vida ou morte na arena. Organizou um grupo de gladiadores para que juntos pudessem sobreviver. E ainda livrou o povo de um ditador.

Por que decidi usar o exemplo desses protagonistas?

Os grandes líderes dos novos tempos reúnem qualidades que misturam professor, psicólogo e gladiador. Ensinam de forma aberta, identificam o melhor momento de abordar e batalham muito. Em tempos de sustentabilidade, grandes líderes não pensam mais em matar um leão por dia. Eles se tornam os próprios leões. Resta saber se os empresários estão dispostos a contratar, remunerar, treinar e inspirar esses leões. Ou será que eles preferem enfrentar a concorrência e as adversidades do mercado com gatinhos indefesos?

Que tipo de líder você quer ser?

Há várias qualidades indispensáveis aos grandes líderes e eu vou comentar algumas delas aqui, citando exemplos.

Começo pela capacidade de estarem sempre atentos e lançando um olhar muito objetivo para a empresa, buscando identificar acertos e falhas. Há estratégicas clássicas usadas para fazer essa verificação. Elas são muito variadas e vão das pesquisas de opinião e mercado às consultorias e auditorias. Mais recentemente, líderes de grandes empresas se lançaram a uma nova maneira de examinar o próprio negócio.

Há alguns anos, fez sucesso o *reality show Undercover boss* (ou *O chefe espião*), no qual um alto executivo de uma empresa se infiltrava no dia a dia dos funcionários fingindo ser um deles. Disfarçado, ele identificava os mais variados problemas. Nessa mesma linha, em 2023, veio ao conhecimento público que o CEO da Uber passou-se por motorista, tendo realizado aproximadamente 100 viagens. Posteriormente, relatou suas constatações, entre elas críticas aos motoristas por cancelamentos, desleixo com o automóvel, e também aos usuários, por mudanças de rotas, falta de educação e compostura, entre outros.

Essas histórias que parecem beirar o sensacional estão próximas da nossa realidade bem mais do que pensamos. Sabe por quê? Um líder precisa conhecer tudo da empresa: espaço físico, equipe, equipamentos. E para isso é preciso botar a mão na massa sempre. Viver o dia a dia dos funcionários, acompanhar as vendas, conferir o funcionamento dos aparelhos utilizados, conhecer profundamente os produtos, conversar com o cliente, perguntar sobre sua satisfação, ouvir com atenção as críticas, resolver os problemas com coragem e rapidez, certificar-se do asseio de todos os espaços da loja, assegurar-se de que o café está quentinho e que o bolo de fubá está de comer de joelhos! Você já ouviu aquele ditado que diz que o boi só engorda quando está sob a vista do dono? Com o líder funciona assim também. O negócio só prospera se ele está de olho!

Administre bem seu tempo e tenha disciplina. Saiba distribuir suas tarefas ao longo do dia e seja um exemplo para a equipe. Há momentos que pedem mais ou menos presença e dedicação. Ser equilibrado garante que todos estejam focados, motivados — e também descansados — trabalhando com leveza e alegria.

Saiba organizar a equipe adequadamente, aproveitando o melhor que cada um pode oferecer. Eu gosto muito deste exemplo, que é até bem conhecido: uma garrafinha de água, no supermercado, custa 80 centavos. No semáforo do trânsito, dois reais. No hotel, quatro reais. No aeroporto, seis reais. O que muda não é o produto, mas o lugar, que lhe atribui um valor diferente. É o mesmo com as pessoas. Muitas vezes, elas são desvalorizadas, mas é por estarem no lugar errado. O bom líder sabe analisar o valor de cada pessoa, e colocá-la onde pode dar o melhor de si.

Outro ponto fundamental: é preciso ter gratidão. Desde que me conheço por profissional do comércio, abençoo cada um dos meus dias e meu local de trabalho. Nos meus primeiros empregos, eu chegava a me colocar de joelhos no chão da loja e agradecer pela oportunidade de estar ali e poder colocar todo o meu amor e vontade naquele trabalho. A falta de gratidão é um veneno que corrói a vida, mas a abundância dela chama mais bênçãos, aquece o coração, alegra e enche de esperança quem está por perto. Seja grato sempre, mesmo quanto as coisas não estiverem muito boas. Às vezes, é necessário começar devagar e, aos poucos, você vai percebendo como tudo flui melhor. Se você é um líder, essa postura tende a inspirar toda a equipe. Tenha isso em mente.

Seja solidário! Esse foi um aprendizado que recebi do lado humano da vida, na época em que morava em Jundiaí. Eu sabia que um determinado funcionário não tinha dinheiro para boas refeições durante os dias de descanso. Mas ele não falava, por timidez ou para não parecer invasivo. Só que um líder precisa saber identificar, só pelo semblante do outro. Custa comprar um franguinho assado na padaria? Eu fazia isso e era a salvação para ele. Atitudes assim fazem um bem danado para quem pratica e para quem se beneficia da bondade. Essa lembrança me motiva a estar sempre atento às necessidades da minha equipe. Nós não sabemos as questões que as pessoas enfrentam secretamente, mas ser sensível aos sinais pode mostrar essas carências e nos levar a tornar a vida dessas pessoas melhor. É uma das muitas formas de resgatar o ser humano.

Seja honesto, tenha caráter. No final, é apenas com a sua honra que você pode contar: "Quando você perde dinheiro, você não perde nada. Quando você perde sua saúde, você perde um pouco. Quando você perde o seu caráter, você perde tudo. Lembre-se disso". Essa frase é do filme *Lansky: uma história da máfia*. Eu penso muito nisso quando avalio minha trajetória, porque nossa reputação se faz no dia a dia. Eu tenho consciência de que posso entrar em qualquer lugar com a minha família e seremos bem-vindos, mesmo se estivermos passando por dificuldades. Nunca deixei nenhum cliente para trás. Na minha empresa, o universo conspira a nosso favor, porque plantamos isso, fazendo preço justo, entregando além do esperado. Se for preciso, refazemos o trabalho até ficar no nosso padrão. Mandamos cesta de flores com pedidos de desculpas. Quantas dificuldades já superamos por sermos assim? Muitas!

Há algum tempo, vendo uma apresentação do empresário Roberto Justus, ouvi uma expressão que me chamou a atenção por ter tudo a ver com as ideias que movem o meu trabalho. Ele falou sobre o "círculo virtuoso": "Fazer negócio a qualquer preço. Cobrar qualquer coisa para não perder o negócio. Isso é um círculo vicioso contra você. Se você faz negócio a qualquer preço, acaba não tendo lucratividade. Se você não tem lucratividade, não tem como pagar bem o seu pessoal. Se você não paga bem o seu pessoal, não tem gente de qualidade produzindo grandes trabalhos. Se você não produz grandes trabalhos e não tem gente de qualidade, o seu negócio começa a ir para baixo e você acaba devolvendo para o cliente um serviço de péssima qualidade. Eu aposto no círculo virtuoso. Aquele em que eu realmente falo o que eu penso, cobro pelo meu serviço e não tenho vergonha disso. Recebo por isso, consigo reinvestir no negócio, consigo trazer profissionais com qualidade, consigo fazer um grande trabalho e deixar o cliente feliz. Esse é o círculo que vai construir as relações de longo prazo com o meu cliente. E não o vicioso, como infelizmente a gente vê muito por aí".

Finalmente, concentre-se em derrotar os problemas, não as pessoas. Essa é uma frase bastante conhecida, mas que algumas vezes fica esquecida na prática. As pessoas precisam de um olhar sensível, adequado, corajoso. Assim, elas se tornam as maiores aliadas do líder na solução daquilo que não funciona bem.

CAPÍTULO

5.

O resgate do coração

"Honra a teu pai e a tua mãe, para que se prolonguem os teus dias na terra que o Senhor teu Deus te dá."
Êxodo 20:12

Você chegou até aqui e certamente percebeu que, embora cada tema que trabalhamos tenha recebido um capítulo exclusivo, no fundo, no fundo, tudo está interligado. Nossos sonhos, nossa motivação, as pessoas com quem trabalhamos, as técnicas e as histórias que reunimos ao longo da nossa trajetória... Tudo isso compõe um tecido que é a nossa própria existência. É desse resgate que estamos falando: o resgate daquilo que trazemos de mais profundo. Sinto que depois de falarmos tanto sobre nossos trabalhos, chegou a hora de lembrar das nossas vivências pessoais, porque elas são o fio mais forte dessa trama. Então, finalizo este livro trazendo histórias que inspiram, emocionam e nos dão força para continuar a caminhada, certos de quem somos e da nossa missão.

Começo com uma lembrança muito simples, que fala sobre olhar para o dia a dia aceitando o que há de poesia e de encantamento nele. Esse é um exercício necessário para voltar ao tempo em que a vida era mais rica e espontânea. As crianças são nosso maior exemplo nesse sentido, pois ainda preservam essa habilidade da qual estou falando. E elas o fazem com toda a ingenuidade e da forma mais pura. Lembro que um dia, no carro, mostrei a lua cheia e branca para minha filha Valentina, que tinha na época três anos. Ela respondeu assim:

— É um planeta!

Expliquei a ela que, na verdade, se tratava de um satélite. Mas não pude deixar de pensar em como os gênios e as crianças têm em comum a capacidade de enxergar mais longe, porque não se deixam limitar pelas amarras convencionais. Eles veem na lua um planeta. Na semente, uma árvore.

Quando transformo minhas vivências profissionais e pessoais nessas histórias que trago nos meus textos e palestras, acredito que é um pouco isto que estou fazendo: tentando resgatar o que há de extraordinário no nosso dia a dia — que muitas vezes parece monótono, outras vezes, massacrante e árido —, para que essa energia nos inspire, nos impulsione.

Na minha história pessoal, vivi muito sofrimento, especialmente na infância, marcada pelos problemas de meu pai com a bebida e a doença. Ele era um bom pai e eu honro sua memória. O que ele podia fazer por mim, fazia. Mas não tinha o hábito, por exemplo, de acompanhar minha vida escolar ou ver meus cadernos. E por causa de seu vício, muito menino eu tive que socorrê-lo, às vezes publicamente, em situações muito difíceis. Algumas foram verdadeiras provações, mas talharam meu caráter, me tornaram mais forte e também mais sensível para aqueles problemas que estávamos vivendo. Eu creio que o empreendedorismo nasce da necessidade, da vontade de progredir. Minha vida já não era fácil. Eu precisava trabalhar até para nos alimentarmos. Quando trabalhei no varejão, descascando as cebolas, levava para casa as frutas e legumes que estavam para ser descartados, para que pudéssemos melhorar nossa alimentação. Hoje, só sou o André Zem por causa disso: se meu pai tivesse me dado as coisas de mão beijada, o que eu seria? Por esses motivos que citei, arrisquei menos na vida, fui mais comprometido, trabalhei mais e fui menos a barezinhos e baladas. O fato de ver os problemas dele me ensinou.

O empreendedorismo nasce da necessidade, da vontade de progredir.

Mais tarde ele teve câncer. Quando faleceu, fui chamado para vê-lo. Estava coberto por um lençol branco. Eu acredito que minha existência se divide entre antes e depois de aquele lençol branco se levantar e eu vê-lo sem vida. É o ponto sem retorno.

Mesmo com todos os problemas que enfrentei na nossa convivência, tenho consciência de tê-lo honrado e feito o meu melhor. Pai e mãe são humanos, cometem erros, têm defeitos. Mas a nós cabe um esforço de superação, para seguir respeitando-os e investindo o máximo num ambiente de harmonia. Eu desconfio muito de uma pessoa que não honra seus pais. E mais de uma vez estive na situação de orientar algum funcionário que estava perdendo o controle nesse espaço tão importante da vida, que é o familiar. É uma das atribuições de um líder sensível, que chama o funcionário para uma conversa e procura colocar a relação com os pais novamente nos trilhos. E sempre digo a eles para cuidarem da família e dos amigos. Não adianta nada ganhar o mundo e não ter para onde voltar depois. Todo dinheiro do universo não vai trazer o amor de uma família ou de amigos. Sacrificar essas relações em nome do sucesso é um preço alto demais.

Não adianta nada ganhar o mundo e não ter para onde voltar depois.

Claro que essa percepção eu adquiri com a maturidade. Há 20 anos talvez eu não compreendesse toda a verdade embutida nesta frase de Benjamin Disraeli: "Nenhum sucesso na vida compensa o fracasso no lar". Eu queria o sucesso a qualquer preço, mas minhas experiências me levaram para essa clareza e, como gestor, me sinto na obrigação de passar isso para os meus funcionários.

A harmonia e o equilíbrio em casa trazem benefícios pessoais imensuráveis, e os negócios também só têm a ganhar.

Don't worry about the fall. Standing up is more important.

(Não se preocupe com a queda. Levantar-se é mais importante.)

"Não se preocupe com a queda. Levantar-se é mais importante." Durante muitos anos, essas duas frases curtas e certeiras tiveram um papel muito especial na minha vida. Recentemente, em um momento de muita emoção, elas chegaram aos meus ouvidos para me lembrar da importância daquilo tudo que, no final de todas as contas, é o que realmente nos mantém erguidos.

Como contei no primeiro capítulo, eu ainda era muito moço quando, no início dos anos 2000, assumi a gerência de um grande grupo do ramo de móveis planejados. Na filial da cidade de Jundiaí, em São Paulo, conheci o Fábio e sua esposa, Vera Lucia. Também já falei sobre ele. Era vendedor projetista e, posteriormente, veio a ser gerente. Ela era professora e tradutora de inglês. Era um casal um pouco mais velho que eu. Na época, já tinham quatro filhos, que logo mais chegariam a cinco: Vitor, Caetano, Giovana, Tiago e Rafael. Nós nos tornamos muito amigos dentro e fora do ambiente de trabalho. Uma família extremamente unida, alegre, talentosa e acolhedora. Longe de casa, viajando para várias cidades, eu já lutava pelo meu sonho de ser palestrante. Fábio foi um dos meus maiores incentivadores.

A loja de Jundiaí tinha um showroom de dois mil metros quadrados. No fundo, em uma elevação que já existia, improvisei um palco. Eu investia nos equipamentos, microfones, telão, computador, projetor e caixas de som. Assim dei minhas primeiras palestras, tendo como público os funcionários da loja.

“Nenhum sucesso na vida compensa o fracasso no lar.”

Benjamin Disraeli

O Fábio me ajudava na montagem dos slides, assistia às palestras, dava opiniões, corrigia minha dicção, arrumava os equipamentos. Vendo hoje os vídeos daquele tempo, percebo que eu tinha a energia da juventude, o sonho brilhando em mim, mas ainda precisava de polimento, muito estudo, treinamento e dedicação.

Um dia, tive a ideia de utilizar nas palestras a frase que é o título deste subcapítulo: "Não se preocupe com a queda. Levantar-se é mais importante". Eu queria dizer em inglês. Só que eu não falava nada de inglês (sigo não falando!). Foi quando a Vera, com sua gentileza e conhecimento da língua, veio com a tradução: *"Don't worry about the fall. Standing up is more important"*. Eu usava a frase fazendo uma encenação: caía no chão do palco, me levantava, dizia a frase e dava a tradução. Naquela época não tinha tanta gente que entendia inglês e eu usava a situação como um gancho para explicar que muitas vezes as partes envolvidas na venda não estão entendendo o que cada uma quer dizer e acabam colocando o negócio a perder.

Aos poucos eu fui conquistando meu espaço no mundo das palestras e das consultorias, viajando para outros lugares, lendo, estudando e me aperfeiçoando.

Sempre trouxe comigo o aprendizado daquelas primeiras experiências, a frase traduzida pela Vera e a amizade daquela família tão querida. Nunca perdemos o contato. Vi seus meninos crescendo em altura e em bondade. Tornaram-se extremamente cultos. Sabem cantar e tocar violão muito bem. Falam outras línguas. E nunca perderam a simplicidade.

Um dia, a querida Vera sofreu um AVC em casa. Infelizmente não se recuperou. Após uma semana hospitalizada, ela nos deixou. Naqueles dias difíceis, a família permaneceu unida em vigília. Todos os filhos foram chegando. Dois deles moram no exterior: um é padre e mora nos Estados Unidos e o outro é seminarista e vive na China. Eu os conheço desde muito pequenos. Estava claro para todos que eram os últimos momentos da mãe deles no nosso plano. Foi comovente ver, nos vídeos que o Fábio gravava e me mandava, como eles viveram essa despedida. Num desses vídeos, sentados em uma sala, eles ouviam um dos irmãos ao violão. Ele cantava tão lindamente que parecia acalmar o coração dos demais. Assim eles se consolaram, na fé e na arte, até a partida da mãe.

Estive com eles no funeral, como não podia deixar de ser. Estava muito triste pelo meu amigo de tantos anos, que me ajudou, me treinou, acreditou em mim. Digo para vocês: nunca estive em uma despedida igual e acho que jamais vou estar novamente. A todo momento me senti envolvido pela fé e pelo amor daquela família, expressados nos gestos, no afeto, na música. No momento do sepultamento, o filho Caetano entoou o canto da Ave-Maria, tocando o violão, acompanhado pelo coro dos demais, numa vibração difícil de descrever em palavras. Eu ainda não tinha lhe dado meu abraço. E ele, ao final daquele momento emocionante, subitamente virou-se para mim e disse: *"Don't worry about the fall. Standing up is more important!* André, ela vai deixar um legado!". E me abraçou.

Tudo isso me tocou demais. Essa emoção persistiu por vários dias e estava ainda muito viva no meu peito quando sofri outra perda, desta vez em Piracicaba, de uma forma totalmente inesperada. Anderson Santim foi meu amigo desde os 11 anos. Estudamos e crescemos juntos. Curtimos na mesma época as nossas primeiras bicicletas, as primeiras mobiletes, as primeiras motos. Vimos o progresso um do outro. Ele sempre foi muito esforçado. Fazia entrega de água, hidroponia, trabalho braçal. Foi crescendo, fez alguns bons negócios, sem deixar de lado a vida simples que ele e a família tanto prezavam. Gostava muito de pescar. Construiu sua casa com as próprias mãos e a ajuda do pai. Era muito jovem: 41 anos. Foi surpreendido com o aparecimento de um tumor na cabeça. Submeteu-se a uma longa cirurgia, que parecia ter sido bem-sucedida. Voltou para casa e tentou retomar a vida. Lembro-me de ter acompanhado, via redes sociais, um passeio em família ao zoológico de Itatiba. Olhando sua foto com a filha, pensei que o pior já tinha passado, mas os planos de Deus eram outros. Numa sexta-feira, ele não se sentiu bem e foi ao médico, que percebeu que Anderson apresentava problemas renais e cardíacos. Ele tomou soro e foi orientado a procurar um nefrologista e um cardiologista. Naquela mesma madrugada de sexta para sábado, ele se foi. Não houve tempo nem para a ambulância chegar. A notícia veio em um telefonema de seu pai, logo pela manhã.

Por que estou contando tudo isso? Bem... Quando se iniciou o relaxamento gradual das regras de distanciamento social que vigoraram devido à pandemia de Covid-19, retomei as minhas atividades como palestrante. Esse retorno aconteceu poucos dias após as duas experiências que acabei de relatar. Subi ao palco muito sensibilizado pelas duas perdas. O que eu gostaria de dividir com você — e é o que eu disse lá no início do texto — é que as despedidas, para além da lamentação da tristeza, alertam para a necessidade de estarmos sempre focados naquilo que nos mantém em pé. Nossa força vem dos aprendizados, das parcerias, da gentileza, da amizade. Vem de encarar as missões, desafios e adversidades com fé e amor. De saber viver com intensidade os momentos tão especiais que são os encontros que temos na vida. De estarmos conectados a essas pessoas, nossas famílias, nossos amigos e também àqueles com quem convivemos profissionalmente. É, sim, isso que nos mantém em pé e é o que realmente importa!

Nos anos seguintes, acompanhei muito de perto tudo o que acontecia com o Fábio e sua família. Depois da partida da Vera, eles procuraram se curar da dor da maneira como sempre fizeram: unidos na fé. Aos poucos foram retomando seus caminhos, com ela no coração.

Em primeiro de junho de 2024, seu filho Caetano foi ordenado padre nos Estados Unidos, onde reside. Ele segue o Caminho Neocatecumenal, que faz parte da Igreja Católica, assim como o irmão, Tiago, que é seminarista, mora na China e viajou até os EUA exclusivamente para prestigiar a ordenação do irmão, na qual atuou cantando e tocando violão.

Na tradição, o padre que está sendo ordenado tem suas mãos envoltas por um tecido chamado manutérgio. Posteriormente, esse tecido é entregue à sua mãe, que deve guardá-lo ao longo da vida e que com ele será enterrada, como sinal de tratar-se da mãe de um sacerdote. Quando apresentar-se a Deus, a ela será perguntado: "Eu te dei a vida. O que você me deu?", ao que ela entregará o manutérgio e lhe dirá: "Senhor, eu te dei o meu filho como sacerdote". Caetano passou pelo ritual, mas não pôde entregar o tecido à mãe. No dia seguinte à ordenação, ele rezou sua primeira missa, dia dois de junho, aniversário de morte dela, dois anos antes.

Bem próximo ao dia da ordenação, o pai deles, meu grande amigo Fábio, me enviou uma mensagem dizendo que tinha ido visitar o túmulo da Vera, o que ele faz com frequência; mas que naquela ocasião tinha um significado ainda mais especial. Meses após a passagem da esposa, Fábio começou um novo relacionamento e pretende se casar em breve, em cerimônia a ser realizada pelo filho Caetano. Como forma de honrar a memória de sua falecida esposa e torná-la uma lembrança da qual cada um dos membros da família possa comungar, ele derreteu as duas alianças — sua e a de Vera — e com elas mandou fazer uma plaquinha onde se lê a frase: "Nos vemos na eucaristia". Ela dizia isso aos filhos em vários momentos, tanto naqueles de carinho em casa como naqueles dolorosos de despedida dos que viajavam para viver tão longe dela. Fábio encomendou um crucifixo, na base do qual afixou a plaquinha. "Nos vemos na eucaristia."

Vera plantou muitas coisas em vida. Frases, fé e amor à família principalmente. Sempre que alguém elogiava um de seus cinco filhos, ela dizia: "Fui eu que fiz". Esse foi mais um dos dizeres que eles incorporaram enquanto foram crescendo.

Dias depois da ordenação, chegou à casa do Fábio uma caixa de madeira. Na tampa estava escrito: "Foi você que fez". No interior, uma linda foto da Vera e o manutérgio, que ele deverá guardar até o final da vida, com o qual ele será enterrado e que entregará a Deus, dizendo: "Senhor, eu te dei o meu filho como sacerdote".

O legado

Minhas experiências de vida me encaminharam sempre para essa postura de prestar atenção e cuidar do próximo. Encontrei gente boa demais na minha jornada e procuro reproduzir isso nas minhas relações atuais e o farei nas futuras. A bondade gera bondade.

> **Minhas experiências de vida me encaminharam sempre para essa postura de prestar atenção e cuidar do próximo.**

Recentemente recebi uma bonita história por aplicativo de mensagens. Foi contada por um entregador de pizza. Segue a história:

Ontem fui fazer a entrega de uma pizza. O valor era 22 reais, mais cinco da entrega, 27. Saiu um menino. Quando falei que era 27, ele fez uma cara de choro e chamou uma senhora que disse: "Moço, pode voltar. Não me falaram que tinha que pagar para entregar. Só tenho os 22 reais". Vi que o garotinho ficou muito triste. Então, eu falei: "Pode ficar, não vou cobrar a entrega". O menino correu e me abraçou. Aquele abraço valeu mais que os cinco reais. Senti que devia compartilhar isso, para

Não se preocupe com a queda. Levantar-se é mais importante.

que nunca deixem o dinheiro ser prioridade na vida de vocês e que sempre coloquem o seu sorriso e o sorriso do próximo como prioridade! O dinheiro vai embora, mas as lembranças ficam. Eu "perdi" cinco reais, mas o mais valioso para mim foi ter ganhado dois sorrisos e ter deixado uma família feliz.

A empatia nos ajuda a manter em pé quem mais precisa e o universo nos devolve isso, de uma forma ou de outra, nem que seja o sentimento de bem-estar por ter feito, ao menos por alguns minutos, a felicidade de outro ser humano!

Nosso olhar faz toda a diferença.

O movimento do mundo é demasiado, e, muitas vezes, não percebemos a grandeza de coisas quase invisíveis que ocorrem bem debaixo dos nossos narizes.

Esses dias eu estava caminhando por uma avenida muito grande da minha cidade. Passei por uma formiga que estava carregando uma folha bem maior que ela. No momento, segui meu caminho, mas de repente senti vontade de voltar e olhá-la mais um pouco.

A calçada era de pedras e ela ia andando com dificuldade. Na avenida, os carros passavam, grandes, pesados, rápidos, barulhentos. Seus ocupantes nem se davam conta do que acontecia ali.

Tudo à volta daquela formiguinha era maior que ela, incluindo a folha, seu grande desafio.

Algumas vezes, nossos problemas parecem muito maiores que a gente, mas nunca podemos nos esquecer que somos dotados de força e determinação para solucioná-los. Todos nós temos uma força sobre-humana, somos muito mais fortes do que pensamos. E, mesmo assim, um olhar de empatia faz toda a diferença...

"Oi! Tudo bem? Como está seu coração?"

Era 17 de agosto de 2002. Minha amiga Raquel Pacheco estava num carro, acompanhada da mãe, quando outro carro bateu no delas, causando um acidente. Raquel estava sem o cinto de segurança, bateu o rosto contra o painel, machucando testa, nariz e boca. O serviço de atendimento foi chamado. Eles a imobilizaram e cobriram com um cobertor térmico de emergência, aquele que se parece com uma folha de papel-alumínio, para manter a temperatura corporal. Quando estava prestes a ser levada para a ambulância, chegou seu pai, Dimas

José Pereira, que levou um choque ao ver a única filha tão machucada.

A ambulância seguiu para o hospital. Dimas seguiu para lá, acompanhado por um parente, que dirigia o carro.

Já no hospital, Raquel aguardava o atendimento. Enquanto isso, o carro trazendo seu pai e seu tio chegou ao estacionamento. Quando eles saíram do automóvel, o tio percebeu Dimas caído no chão. Sofrera um infarto. Sentada na sala de espera, ela viu as pessoas carregando seu pai para a emergência.

Ela passou pelo atendimento. Os curativos foram feitos e ela teve alta. Agora era esperar pelo pai. Mas por volta das 19 horas, o médico a chamou e disse-lhe secamente que o pai não resistira.

Despediu-se do pai, machucada física e emocionalmente, pela perda e pela crueza do acidente e também pelas palavras de um profissional que não teve sensibilidade ao dar a notícia... Feridas que demoraram muito para cicatrizar.

Os anos passaram. Em 2006, Raquel percebeu que sua pressão estava alta e foi ao hospital, acompanhada da mãe. Quem as atendeu foi um cardiologista chamado Sérgio Pacheco Júnior, que logo de cara ganhou a simpatia das duas. Muito moço, atencioso, calmo, sério, o tipo de profissional que todos esperamos encontrar num momento de dificuldade. Mas, além disso, a mãe achou graça de pegar no pé da filha, que estava solteira, pois o médico era bonitão e não usava aliança.

O atendimento foi feito. Ela melhorou. Houve um retorno. Mas até aí tudo foi muito profissional.

Os meses passaram. Um dia, a Raquel entrou no bom e velho Orkut (que era como um Facebook do início das redes sociais) e encontrou uma mensagem dele: "Oi! Tudo bem? Como está seu coração?". Tum-tum! Tum-tum!

Marcaram de ir para uma choperia, que o destino quis que estivesse fechando! Então, ele a levou para a casa dela. Ela o convidou para entrar. Naquele dia conversaram por horas a fio e, no final da noite, deram o primeiro selinho. Logo a relação virou namoro, noivado, casamento. Esse casal lindo e querido, Raquel e Sérgio, teve quatro filhos: Enrique, Rafael, Mateus e Gabriel.

Você deve estar se perguntando por que é que estou contando essa história de amor dos meus amigos num livro sobre vendas. Vamos lá, eu vou explicar.

Eu os conheci quando fiz o curso de noivos com a minha esposa, a Vanessa. Eles chamam a atenção pois são simpáticos, elegantes. Ele, tão novo, na época já era um cardiologista respeitado. É uma pessoa preparada, paciente, espiritualizada. E é principalmente sobre isso que eu gostaria de falar: nunca perdeu a sensibilidade.

Ele conta uma história que é uma lição para toda a vida. Às vezes, sem querer, ele se flagrava questionando se, fosse ele o médico de plantão naquele fatídico dia 17 de agosto de 2002, teria salvado a vida daquele que um dia seria seu sogro. Depois de alguns anos de casado, a vida lhe trouxe um desafio e um aprendizado. Estava ele no plantão do hospital quando aconteceu um caso bem semelhante ao do sogro. Parecido não, praticamente um replay. Era um homem, da mesma faixa etária, que chegou com seu carro, já infartando. Ele fez de tudo para salvá-lo. Desfibrilador, massagem cardíaca. Nada adiantou. A linha reta da morte continuava no visor dos aparelhos. Ele perdeu? Sim, uma vida se foi e isso para um médico competente tem sabor de perda. Mas ele fez tudo o que podia, lutou até o final. Foi guerreiro.

Ele relembrou que quem
decide a hora da partida é Deus.

Quando me lembro dessas histórias, penso em como elas condensam quase tudo o que falamos desde o início do livro até estas linhas finais. O resgate dos nossos sonhos, da nossa motivação, da nossa sensibilidade, dos relacionamentos humanos, da empatia, da boa vontade, do desejo de buscar conhecimento e fazer sempre o melhor que podemos... o resgate do nosso amor, do convívio com nossas famílias, de tornar melhor o mundo à nossa volta...

Penso exatamente isto: tudo, absolutamente tudo, está ligado. Desde o momento em que abrimos os olhos pela manhã, somos apresentados a um mundo de escolhas. Cada uma delas tem impacto na nossa vida e também na vida dos nossos semelhantes. Abraçar a mãe ao encontrá-la na cozinha (ou não), reagir com calma a uma frase áspera lançada pelo irmão (ou devolver a aspereza), ceder o lugar no ônibus para alguém que precisa dele mais que você (ou ignorar a dor do seu próximo), chegar ao trabalho com esperança de um dia bom e disposição para colaborar para que aquele ambiente seja acolhedor e inspirador para todos (ou entrar na empresa praguejando contra o colega, o chefe, o cliente)...

Ao longo do nosso dia, algumas pessoas estarão em um momento ruim, outras se mostrarão amargas como sempre, outras precisarão de ajuda, outras lhe darão o seu melhor, lhe farão um agrado inesperado, um favor, e sua reação a cada um desses eventos determina a sequência não apenas da sua vida, mas também da vida de cada um que está ao redor. Quando você dá um murro em uma mesa, pode eventualmente quebrá-la e certamente irá sentir a dor do impacto. Além disso, as pessoas à sua volta irão se assustar. É como diz o ditado: "Ninguém sai ileso de ninguém".

E assim será com todas as outras escolhas. Exercitar-se, apesar da preguiça; alimentar-se adequadamente, apesar das tentações; perseverar no curso, apesar do cansaço; não exagerar do happy hour, apesar de estar tão divertido. Escolher o mais justo, escolher ser honesto... Muitas vezes a gente faz o bem e ninguém parece se importar. Mas não é assim que funciona. Em primeiro lugar, porque fazer o certo nos torna mais confiantes, mais iluminados. Segundo, nunca saberemos os efeitos e a extensão real das nossas atitudes. Em certo momento, pode parecer que não foi nada de mais, mas pode promover meditação ou ter reflexos sobre a vida de pessoas que nem ao menos conhecemos, inclusive sendo exemplo para alguém que estava observando. Há tanta coisa envolvida no empenho de, sistematicamente, dia após dia, fazer boas escolhas...

Por isso, escolha o amor, a vida, a amizade, a paixão, o movimento. Escolha contemplar a simplicidade do mundo e verá como ele é rico e maravilhoso. Sinta o cheiro da chuva. Olhe o sol. Ria. Aproveite ao máximo sua vida e cada um dos momentos que ela traz. Seus sentidos vão despertar até os cantinhos mais apáticos do seu ser e essa vitalidade vai acompanhar você nas suas vendas, para o atendimento espetacular, para a sensibilidade de perceber o cliente, seu olhar, seu desejo, o que ele leva no coração!

> *Escolha contemplar a simplicidade do mundo e verá como ele é rico e maravilhoso.*

Eu sou um vendedor, um empresário, um palestrante, um colecionador e contador de histórias; e trago em mim esse mundo de causos e sinais que Deus envia para iluminar os nossos caminhos!

Espero que este livro ajude no seu dia a dia, nas suas vendas e na sua vida!

Muito obrigado!
André Zem

Referências

GITOMER, Jeffrey. *A bíblia de vendas - o livro definitivo de vendas.* São Paulo: M. Books do Brasil, 2011.

HILL, Napoleon. *Quem pensa enriquece - o legado.* Porto Alegre: CDG, 2018.

KIM, W. Chan; MAUBORGNE, Renée. *A estratégia do oceano azul: como criar novos mercados e tornar a concorrência irrelevante.* Rio de Janeiro: Elsevier, 2005.

KOTLER, Philip. *Administração de marketing.* 12. ed. São Paulo: Pearson Prentice Hall, 2006.

MAXWELL, John C. *O livro de ouro da liderança: o maior treinador de líderes da atualidade apresenta as grandes lições de liderança que aprendeu na vida.* Rio de Janeiro: Thomas Nelson Brasil, 2008.

THE LITTLE Frog. *John Beach,* 17 set. 2007. 1 vídeo (2 min). Disponível em: https://www.youtube.com/watch?v=Yy-7exFxiNk. Acesso em: 17 out. 2024.

WAGNER, Rodd; HARTER, James. *12 elementos da gestão de excelência.* Rio de Janeiro: Sextante, 2009.

SITES E PERFIS PESSOAIS

Paulo Sérgio Palestrante
(https://www.facebook.com/palestrantepaulosergiobuhrer)

Sebrae (sebrae.com.br)